LEER POR GUSTO

LEER POR GUSTO

José Prats Sariol

Pluvia/Ensayo

I.S.B.N: 978-0-9905025-1-7

Foto de cubierta de J. Prats Sariol, de Lázaro Echemendía ©.

Impreso en Estados Unidos de América

Copyright © José Prats Sariol
joseprats2001@yahoo.es
Ediciones Pluvia, 2015
Houston/Texas
pluvia@gmail.com

A Maruchi, Mape, Ariadna, Alexandra y Lucas.

PALABREO PARA DEJAR ABIERTO ESTE LIBRO

Bien podrán los encantadores quitarme la aventura, pero el esfuerzo y el ánimo es imposible.

Don Quijote.

Ahora me da menos risa el chiste de cuando José Cemí pregunta por Oppiano Licario y el portero responde que fue a llevarle un heliotropo a Proserpina, para ante el asombro del visitante por la insólita cultura del empleado, añadir que fue a visitar al Canciller Nu. Sonrío, si acaso, por el qué dirán y porque *Paradiso* es una de mis aficiones más queridas, en mi *leer por gusto*: placer y gratuidad, travesura órfica cuando estoy a punto de cumplir 70 este 21 de julio de 2016.

Los eufemismos se disipan. Nada de tercera edad. Tampoco de cilindro de Anaximandro, que me permitiría estar en el mismo sitio pero en diferentes tiempos o en el mismo tiempo detenido a elección para releer el genial poema de Gastón Baquero "Marcel Proust pasea en barca por la bahía de Corinto", cenar en el Lutetia parisino, caminar por Erlangen-Nuremberg rumbo a la Casa-museo de Albert Durero, cazar olas en F y Malecón con un suero de chocolate de El Recodo, el invierno de 1956 en el barrio donde nací: El Vedado, en la ciudad que más conozco: La Habana... Soy un viejo. Sin rodeo pequeñocomunista o pequeñoburgués, que tienen la misma estirpe hipócrita.

9

Una funeraria en Miami vende sus servicios adelantados y a pagar en cómodos plazos con una frase deliciosa: "Para que se despida con dignidad". No imagino la dignidad de una conversación con los gusanos en la inexorable barriada Boca Arriba. Y el fuego de la incineración no daría tiempo a identificarla. Pero digamos –plural para diluir responsabilidades– que conservo la dignidad aventurera, cambiante, de *La viéille dame indigne*, capaz todavía de tararear la música de Jean Ferrat. Y que el pre-texto de los 70 aldabonazos me permite armar este volumen de ensayos con cierta dignidad, al menos la de no cejar en mi juvenil terquedad de escritor en contra, anarquista a lo Albert Camus, mi escritor francés preferido por su singular mezcla de talento artístico, amor a la vida como individuo y no como especie, independencia intelectual y desenfado ante las distinciones y dobleces, fingimientos y masas.

Aunque estar editado hoy equivalga a tener cuenta en Facebook y Twiter o haber tomado Coca-Cola, admito la distinción de un azar. La concurrencia en armar una sólida relación entre mi vocación y mi decena de libros publicados, que ayuda a no convertirme en un viejo demasiado majadero o en uno de esos resentidos –de cualquier edad– que saltan de la envidia cagalitrosa a suicidarse en larga caída desde sus egos, según fórmula argentina ya denunciada por el papa Francisco, sagaz jesuita.

2016, sin embargo, excede mis pronósticos. ¿Será cierto que avanzamos hacia otras formas de singularidad, como afirma Ray Kurzweil, donde el *copyright* romántico pasará a ser interactivo, con lo que la lectura de Shakespeare o de

Cervantes crecerá entre chateos y libres versiones online? ¿Qué tendrán reservados los gurús de Silicon Valley para los autores de escritura artística? ¿Globalización y digitalización han cambiado la historia de la humanidad, más que cualquiera de las revoluciones sociales y muchísimo más que los credos políticos, por lo que la censura viste trajes más sutiles que bajo las dictaduras o democracias posindustriales que conocemos? ¿Cómo será la nueva revolución digital --el cibernético universo inexorable-- respecto de los derechos humanos que hoy defendemos, como el derecho a la privacidad y a la soledad? ¿Se conciliarán la fe en el progreso con la fe en uno mismo en ese *big bang* que avanza por los programas informáticos? ¿Nos dará la posibilidad de volar con más fuerza imaginativa y fruición fantástica que los *hippies*, por otros placeres estéticos, diferentes actitudes ante la sexualidad y otros goces alternativos? ¿Y leer qué y cómo y dónde?

Bajo los desasosiegos de las preguntas anteriores –con respuestas sobre un camino que la neblina del día a día empecinadamente oculta-- he emprendido esta compilación-revisión de mis ensayos (Los más breves aparecerán en *Erritas agridulces*) aún inéditos en libro, salvo aquellos desechables, que cumplieron su día o su noche en un entonces que no recobro, que me parece absurdo rescatar, convertir en *historia*, esa meretriz que Emil M. Ciorán en su *Breviario de podredumbre* me enseñó muy bien: "La historia no es más que un desfile de falsos Absolutos, una sucesión de templos elevados a pretextos, un envilecimiento del espíritu ante lo Improbable".

De ahí que no excluya --a mis costados de la narrativa y la crítica literaria-- los deberes ciudadanos que me han motivado ensayos de filosofía social, algunos de los cuales incluyo; aunque no aparece el periodismo de opinión: artículos, crónicas y otros textos políticos; que nunca recopilaré en libro por su carácter volandero, no sólo más efímero sino, sobre todo, absurdo. Soy escritor, nunca he pertenecido a ningún partido político. Respeto a los intelectuales militantes, pero desde luego que ese respeto es similar al que profeso hacia los tiburones, hienas y algún cervatillo perdido en el bosque.

Se explica así mi coincidencia con Juan Goytisolo, cuyo desparpajo y entereza admiro. Gloso sus contundentes palabras en Alcalá de Henares, al recibir el Cervantes el pasado 2015. Hice mía su poética desde que leí *En el reino de Taifa*, tras conocerlo una tarde habanera, creo que junto a César López y alguien más en la Casa de las Américas. Comparto su idea cervantina no de escribir "a la llana y sin rodeos" sino de actuar así ante los demás. Y la de dividir a los escritores en dos grupos según cómo conciben su tarea: los que la ven como una carrera y los que la vivimos en forma de adicción, vicio deleitoso, legado genético, *sino* órfico. Aunque por supuesto que la pertenencia a cada grupo se realiza por predominio, como confiesa el intrépido y deslenguado autor catalán, al adscribirse al grupo vocacional, donde nos basta con cumplir el dictado, pagar el precio de tamaña arrogancia.

Arrogancia y paradoja: búsqueda de interlocutor. Al querer una relación dialógica en cada texto, rechazo cualquier forma despótica que trate de imponer una opinión. Ninguno de los ensayos aquí agrupados osa el aburrimiento de ser dueño de la verdad. Si en alguno no he podido lograr que el lector capte que la duda subyace, pido excusas por mi redacción deficiente, aunque enfatizo que mis intenciones parten de un agnosticismo —el perenne oleaje de la mar— que se negaría a sí mismo al deslizarse por una tonalidad totalitaria.

Uno de los adjetivos abominables en los medios intelectuales es "orgánico". Lo de escritor "orgánico" parece un órgano de feria, un sangriento banco de órganos, un ente kafkiano. Pero sobre todo es mentira. No existe tal organicidad, por lo menos en los autores y obras cumbres de la cultura occidental. La demagogia hace tiempo que ha invadido el micromundo de la ensayística y el submundo académico con adjetivos inanes. Este es de los peores. Sugiere la monotonía de quien teme no ser congruente, indica hacia los vagos que nunca entran en crisis con sus axiomas, avizora los bostezos de aquellos lectores que se burlan de los acaparadores de certezas. Líbreme Dios de escribir una obra "orgánica". La prefiero como esta colección: *Escribir por gusto* es dispersa, disímil, diversionista, hasta disfuncional para que el prefijo culmine sus andanzas.

Sin embargo, debo una breve explicación acerca de la selección y el orden de los textos. La premisa de estar inéditos en libro funcionó como criba. Después un mínimo de aceptación, tras revisarlos tan cuidadosamente que desautorizo las versiones antes publicadas en revistas. Por supuesto, *Escribir por gusto* significa que se trata de una acción gratuita y que estoy a gusto con los textos, aunque bien se sabe que apenas se entregan y nunca se terminan.

"Parábola para Elías Canetti" y "Kafka en Canetti" son dos lecturas, la de ese libro decisivo para la filosofía social: *Masa y Poder*; y la de la única novela que escribiera el premio Nobel de Literatura en 1981: *Auto de fe*, publicada en 1935. Mi admiración al enorme escritor en lengua alemana –recordar que era poligloto, de origen sefardí y nacido en Bulgaria— tiene aquí una muestra mínima de lo mucho que le debo a su pensamiento. Sin él a lo mejor todavía estuviera padeciendo algunos rezagos marxistas o algunos optimismos baratos de proyectos liberales... Pocos intelectuales del pasado siglo conservan su vigencia, muy pocos tuvieron su lucidez.

"Montaigne, Bloom y Slow" recuerda al epicureísta francés, creador del ensayo moderno, cuyos primeros dos tomos de sus *Ensayos* aparecieron en 1580. André Gide le llamó "el exquisito de su discurrir ocioso". Harold Bloom le rinde varios homenajes, el mejor en uno de sus últimos libros: *¿Dónde se encuentra la sabiduría?* Aclaro que la tercera palabra del título —*slow*— no corresponde a ninguna persona, es el adjetivo inglés que significa *lento*. Este ensayo es un elogio de la lentitud, de la calma perdida; pero que Michel de Montaigne impuso en su castillo cercano a Libourne. Allí, en la torre que diseñó y mandó a construir para su biblioteca — la mejor de la época, y no sólo en Francia — rechazaba cualquier apuro, también de ahí que sea tan posmoderno, tan necesario en el siglo XXI.

"Snark" es un homenaje a Lewis Carroll, a cuando escribió *The Hunting of the Snark* , cuando no pudo sospechar que la invención del animal y la ironía que encerraba el sinsentido del poema, al parecer escrito bajo los efectos del opio, serviría para nombrar en los Estados Unidos a la crítica literaria cazadora de escándalo, desolladora de obra y autor.

Es probable que yo haya sido el último cubano que vio viva a María Zambrano, ya en su apartamento madrileño junto a su amable sobrina, aunque tal vez el pintor Baruj Salinas la viera después... Le llevé una carta de una amiga que apreciaba extraordinariamente, aunque no compartía su creencia política porque la filósofa malagueña siempre tuvo un limpio rechazo a los regímenes autoritarios de corte fascista o comunista, al punto de nunca aceptar invitaciones a Cuba después de 1959, como las extendidas por la Casa de las Américas para que fuera a impartir un curso. Una carta de la poeta y ensayista Fina García Marruz, la única mujer del Grupo *Orígenes*, cuya obra enorgullece a la nacionalidad cervantina.

Acerca de la independencia intelectual de María Zambrano, respecto de su maestro José Ortega y Gasset, versa el siguiente ensayo: "La discípula rebelde". El magisterio filosófico de su ideario es decisivo, además, para entender la poética de otro de sus queridos amigos cubanos: José Lezama Lima. Y ese es el tema del siguiente ensayo, cuyo origen fue una conferencia celebrada en la Universidad Internacional de la Florida (FIU) en mayo del 2013, que ahora he revisado y ampliado para este libro. Su título no exige mayores explicaciones: "María Zambrano-Lezama Lima: exiliada e insiliado".

Sobre el primer filósofo relevante nacido en la Península Ibérica tras Séneca, es decir, sobre el madrileño José Ortega y Gasset, es el ensayo subsiguiente: "Una lectura de *La rebelión de las masas"*. Los que tanto hemos aprendido de la fenomenología, de sus métodos para pensar, nunca podremos dejar de admirar a este discípulo del neokantismo de Malburg y profundo conocedor del enorme filósofo Edmund Husserl. La zona de filosofía social dentro de su prolífica obra, sobre todo antes de la Guerra Civil Española, donde *La rebelión de las masas* fue premonitoria, mantiene penosamente toda actualidad. Mi lectura ha sido ahora una relectura tal vez más provechosa que hace veinte años en la sede madrileña de la Fundación Ortega y Gasset, cuando escribí la primera versión del ensayo con la vista puesta en Cuba, donde vivía, donde aún no me habían obligado al exilio. El siguiente ensayo –"La complacencia trascendente"– también tiene su axis en el filósofo castellano. Centra la documentación y el análisis en sus resonancias en Cuba –sobre todo en José Lezama Lima, que lo admiraba-- y las recepciones cuando muere, el 18 de octubre de 1955.

"Repetir nuestro Caribe" es un reconocimiento a las tesis sobre el supersincretismo caribeño y sus peculiaridades distintivas que desarrollara mi amigo, el narrador y ensayista cubano Antonio Benítez Rojo, en su libro *La isla que se repite*. Mis conversaciones con él en su casa de Amherst y en la de Miguel Ángel Sánchez en Long Island, enriquecieron la valoración de su ensayo, hoy imprescindible como uno de los puntos de partida para los estudios --¿por qué no también mulatos?– sobre una zona geográfica que tiene en la mezcla su signo y a la vez su desafío salobre, cuando el turismo ha sustituido al azúcar de caña, cuando las desigualdades sociales sólo compiten con la corrupción de los políticos y el sueño de emigrar.

"Recuerdo de Juan José Arreola" me permite enfatizar mi alegría por haberlo conocido personalmente, como narro en el texto. Y por las enseñanzas derivadas de los cristales de su prosa, indicadores de las transparencias de su modo de pensar y actuar, siempre con una burla a flor de boca contra *La culta latiniparla* –ridiculizada por Quevedo-- y otros adefesios intelectualoides de los que crecen en cualquier diario, revista, universidad, con independencia de país y lengua.

Las célebres *Siete noches* que Jorge Luis Borges regaló a un privilegiado auditorio de Buenos Aires me sugirió el título del siguiente ensayo: "Borges, la octava noche". Con Borges sucede –de ahí las toneladas de bibliografía indirecta que acumula— como una obligación de re-conocerlo, contra su certeza de que "la meta es el olvido". No pude evitar la tentación, quizás desde un ángulo raro, en el sentido de que trato de evitar la hagiografía, invento dicen que argentino para argentinos, que patentizara en sus *Memorias* –ese ladrillo— el mejor amigo de Borges, el siempre recatado Adolfo Bioy Casares, escritor recalcado.

"Onetti el brujo" es el siguiente ensayo en esta frágil arca-volumen. ¿Por qué Juan Carlos Onetti es adictivo? A esa pregunta trato de responder mediante el estudio de una pieza magistral, el cuento titulado "El infierno tan temido". No conozco otro cuento donde el truco de la espera inexorable –como la forma de existir-- funcione mejor; tal vez sólo uno de William Faulkner: "Wash", pieza maestra.

"Conversando con Octavio Paz" expresa mi gratitud al primer intelectual mexicano del pasado siglo, cuya dignidad y lucidez también supo defender la libertad de expresión en Cuba. Mis deudas con él tuvieron en nuestro único encuentro un punto culminante, bajo la benéfica luz icárica y oscuridad órfica del mutuamente querido Lezama Lima, en cuyas revistas colaboró.

Después aparecen los apuntes tal vez sólo para iniciados sobre algunos poetas que admiro: Pessoa, Rimbaud, Stevens... En ellos la noción original de ensayo como "degustar" o "catar" tiene la mayor congruencia. Son voluntariamente fragmentos para abrir el apetito, desencadenar conocimientos estéticos y experiencias artísticas, en el deslinde que separa la crítica académica del texto suelto, que imita lo entrecortado, el chispazo ante un Renoir o la falta de aire en la primera vista del Cañón del Colorado en Arizona, sobre el vértigo de la caída al río achocolatado que serpentea en el fondo sinuoso, horadado durante milenios.

Cierro con "El extranjero", basado en el poema homólogo de Charles Baudelaire que traduje en febrero del 2012, cuando obtuve la residencia en los Estados Unidos. Pocos días después, en marzo, fui invitado por el poeta Pablo de Cuba Soria --entonces todavía estudiante-- a pronunciar la conferencia inaugural del simposio convocado por The graduate students in the Department of Hispanic Studies at Texas A&M University. Este es el ensayo que leí, bajo una frase de Emil Ciorán: "No tengo nacionalidad, el mejor estatus posible para un intelectual". Frase elegida porque quizás sin patria me entretuve en ver las "maravillosas nubes" del poema, las que inspiraron a Albert Camus.

Porque al ser de nacionalidad cervantina –identidad bautizada por Carlos Fuentes--, cuando dije en esa conferencia que no me resignaba a la injusticia, partía –parto hoy-- del reto diario que implica sentirse hombre libre. Desde ese borde rechazo los nacionalismos por extemporáneos y las variadas vacuidades que conforman todo panorama cultural oficialista, mediático o académico, bajo cualquier signo político.

Ninguno de los ensayos aquí agrupados deja de estar en la oposición. Se oponen a los "vientres sentados" –Juan Goytisolo cita a Luis Cernuda—, a los burócratas y las eternas convenciones de las burocracias, entre las cuales está el analfabetismo funcional, la mayoría de los académicos de la lengua, las tres cuartas partes de lo que se ha escrito y sobre todo la montañosa ciberbasura exhibicionista. Pero se oponen sin perder el sentido del humor y sin dejar de burlarse de sí mismos. De ahí que *Leer por gusto* sea también un *cervantear*. Lo sé: una ilusión. Y muy a gusto, créanme.

La fuerza genésica del *Quijote* tiene mucho que ver con la condición de hombre libre. Determina la empecinada voluntad de serlo, ante la que no he escatimado sacrificios, aventuras, riesgos... Porque en el fermento contestatario también hay un modo de *cervantear* ante la vejez de lo nuevo y lo nuevo de la vejez: juego verbal a los escondidos. De ahí que si algo une a los ensayos subsiguientes –escritos a gusto y por gusto— es ese delicioso enigma lúdico, subversivo.

El autor

Miami, enero y 2016

PARÁBOLA PARA ELÍAS CANETTI

Suelo leer varios libros a la vez. La afición es bastante común. En mi caso concierta azarosamente los volúmenes, aunque trato de que pertenezcan a distintos géneros literarios. Nunca dos de poesía o dos de ensayo o dos novelas. Generalmente tengo cuatro o cinco al retortero. Sin que nunca falte uno de poemas, lectura esta última que dejo para la cama, pero ahora sólo de poetas reconocidos. Porque los que desconozco sólo los descubro de mañana, ya que en ocasiones me premiaron con pesadillas tenebrosas, hasta despertar con la angustiosa certeza de que el autor me acorralaba para leerme otro fajo de lo que llamaba –suspirando– poemas.

Justifico la costumbre bajo el pretexto de que recrudece la amenidad, pero no estoy seguro. La incertidumbre –magia contra las vagancias de la certeza– me impide recomendar la manía combinatoria. Aquella vez la coincidencia fue entre ensayo y biografía: *Masa y Poder* de Elías Canetti y *César* de Gerard Walter.

Masa y poder la había leído en dos ocasiones porque me abrió los ojos ante las ideologías cerradas de la modernidad, hasta convertirme para siempre en un admirador del genial escritor de origen sefardí. Atesoro sus primeros librros traducidos al español, dicha que debemos a Mario Muchnik, editor entre editores, hasta sus aforismos y memorias; aunque hoy disfrutamos de sus *Obra Completa* en la Editorial Debolsillo, creo que hasta el séptimo tomo.

Y César, apasionante biografía muy inglesa que sabe esconder años de investigaciones, donde se muestra una erudición pudorosa hasta el silencio, sin los exhibicionismos que suelen lastrar a ciertos historiadores y ensayistas, casi siempre franceses. Gerard Walter narra como un buen novelista, hasta con técnicas de cabo suelto.

Fueron días felices. El bisturí sociológico de Canetti me ayudaba a ver en Julio César la encarnación del poder omnímodo y los elementos que conformaban su carisma, siempre dueño de cualquier situación y astuto artífice de manipulaciones. Rasgos perfectamente válidos para otros césares de cualquier época o latitud.

Leía las aventuras de César y las estratificaciones de su corte desde Canetti, incluyendo chismes, zancadillas, conspiraciones, trampas, triquiñuelas, crímenes... Exenta de inferencias conclusivas o de opiniones del autor, la biografía del emperador romano me brindaba situaciones que ilustraban la obra cumbre del ensayista que optara por expresarse en alemán, lengua desde la que obtiene el Nobel de Literatura en 1981, sobre todo por *Masa y poder*.

Mi costumbre de anotar citas, síntesis y comentarios de aquellos libros que me parecen relevantes, fue aquí también una libreta de apuntes, fechada en 1988. En 2005 la estuve revisando. Y ocurrió otra rara coincidencia. En esos días estudiaba la maravilla intemporal del llamado presente histórico en lengua española, para una clase de retórica literaria que impartiría a los alumnos de la Maestría en Letras de la Universidad Iberoamericana de Puebla de los Ángeles. El reto estilístico de escribir una historia con secuencias temporales sucesivas, pero sólo con verbos conjugados en presente histórico –aparte de infinitivos, participios y gerundios-- se unió entonces a la intemporalidad de la relación entre las masas y los poderes, donde poco ha cambiado durante milenios; apenas los armamentos y vituallas, nunca los gritos de rabia y dolor, las órdenes y jerarquías, las manipulaciones del Poder... Ahora –2015-- vuelvo a los apuntes y a la primera versión de la parábola convencido de que Elías Canetti, a diferencia de muchos ensayistas famosos del pasado siglo –de J.P. Sartre a G. Lukács, de J. C. Mariátegui a A. Ponce...--, sigue suscitando diálogos y reflexiones no arqueológicos, no para completar panoramas y fichas. La titulé "Por sí o por no". Ruego la lean como un homenaje a Elías Canetti, que tuve el privilegio de conocer una tarde en Zürich gracias a mi amigo Martin Lienhard. Pero sobre todo como una polémica parábola cubana:

Por sí o por no

Los ejércitos se vigilan recíprocamente. Hace una semana que la cercanía presagia el combate. Pero las legiones romanas no pueden atravesar el Allier porque los bitúrigos cortan presurosamente los puentes, sin dar tiempo al avance. Vercingetórige, jefe de los bitúrigos, impide así el acceso imperial a Gercovia, su capital.

César prosigue la marcha a lo largo de la ribera derecha y Vercingetórige por la izquierda, sin perderse de vista. Los romanos se remontan en busca de un sitio por donde vadear el Allier. Pero aún transcurre mayo, y hasta septiembre las aguas no ceden. Pronto César encuentra una estratagema. Tras arribar a uno de los puentes destruidos por la tropa de Vercingetórige, deja atrás dos de sus legiones, bien ocultas en el bosque aledaño, mientras el grueso de sus fuerzas continúa bordeando el Allier, dispuesto de modo que llena los vacíos causados por la ausencia de las veinte cohortes.

Vercingetórige prosigue por su ribera, sin sospechar el ardid. César permanece junto a las dos legiones ocultas. En cuanto media una jornada de marcha, hace salir a sus legionarios del bosque y les ordena reconstruir de inmediato el puente. Los centuriones preparan la labor. Rápidamente la tropa abandona los cascos, escudos y espadas, y los sustituye por las herramientas de pontoneros. La obra se termina en menos de doce horas. Al amanecer forman filas y pasan en orden de marcha a la orilla opuesta del río. Las otras legiones regresan presurosas. Mientras tanto Vercingetórige tiene la desagradable sorpresa de saber a la vanguardia de César en su propia tierra.

A unos kilómetros de Alesia, frente a frente, acampan los dos ejércitos. Los convoyes de subsistencias y vituallas arriban a las retaguardias. Las infanterías no cavan, saben que la batalla a campo raso hace inútil las trincheras, saben que al amanecer es la lucha. Galos y romanos afilan las lanzas, tensan los arcos, preparan las municiones para las hondas, prueban el filo de espadas y cuchillos, revisan los arreos... La cena es opípara, como corresponde a la víspera de un encuentro donde la sangre y la muerte más bien son una opaca metáfora de la realidad. No se reparte alcohol, pero en

23

algunas casamatas violan la disposición con tintos gruesos y aguardientes de uvas y melocotones.

La noche envuelve con lentitud el vasto páramo, como un inmenso clamor que aún es silencio y odio sobre las colinas donde descansan los enemigos. Todavía de noche, los estados mayores reciben detalles de las instrucciones. En las tiendas de César y Vercingetórige hierve el desasosiego. La superioridad numérica de los galos la compensa el disciplinado fluir inconmovible de las cohortes romanas. El arrojo y la fiereza galos tienen su contrapartida en la estrategia de pinzas con que estrangulan las legiones itálicas. Nada está decidido. Al dominio de la región que favorece al ejército de la Galia, los latinos oponen la suspicacia de sus espías y la escrutadora vista de sus centuriones. Vuelan las conjeturas en ambas tiendas cuando los primeros chispazos amarillentos esbozan el amanecer. El severo plan estratégico de los legionarios, apoyado por su continuo fogueo, nunca se arredra ante presencia alguna, pero las formidables masas de guerreros galos parecen incontenibles. Suenan voces de mando. La conflagración se avecina.

La capa escarlata de César cubre sus hombros. Vercingetórige ultima las ofrendas delante de su adivino. Los dioses reciben las invocaciones y promesas. El augurio es impreciso. Antes de abandonar la tienda, Sabino le comunica algo a César, en un susurro rápido. César mueve la cabeza como si desaprobara la previsión de su lugarteniente, pero no revoca el mandato. Vercingetórige llama aparte a su primo Vercasivelauno. Le da en voz baja una orden.

Los dos jefes, casi a la misma hora, salen de las tiendas. Frente a ellas se alinean los estados mayores. Las palabras de César adquieren un peso vigoroso. Resume el plan de batalla con exacta precisión. Recuerda otras victorias, recuerda a Roma y sus arcos de triunfo. Refiere su origen divino y cómo están en Delfos las tablillas donde se inscribe su dominio sobre la Galia. Alienta a la resolución y a la más estricta disciplina, sin violar un ápice el proyecto militar. Arenga finalmente, dejando la mesura inicial como el prólogo a la intensidad enconada de su fe en la victoria. Mira a su derecha, donde está el ujier de las vituallas, y en el mismo tono de voz, como si fuese la coda del exordio, manda a preparar un banquete fastuoso para la celebración de la victoria.

Vercingetórige también habla a sus oficiales. Insulta a los romanos con gruesos epítetos. Exalta la fiereza combativa de su tropa. También hace un resumen, también menciona la protección divina. Habla de sus conquistas entre los pueblos galos, del botín que los romanos le arrebatan palmo a palmo desde la llegada de César. Exhorta a no dejar sobrevivientes, a que la piedad no dé sombra al triunfo para que allende los Alpes cunda el temor hacia su nombre. En la tienda de su enemigo tienen la meta para los festejos inacabables de la noche.

César mide el páramo. Vercingetórige se abalanza hacia su caballo. De ambos lados, como es usual, la caballería abre las hostilidades. El ataque de las legiones es una combinación frontal para dispersar a la infantería gala. Las primeras seis horas no ofrecen aún resultados sensibles. El empuje de las hordas contra el punto más débil de César, en el Monte Rea, recibe el refuerzo de sesenta mil hombres. Los accesos caen en poder de los galos. Al mismo tiempo, ocho mil soldados de caballería invaden la llanura aledaña, en un intento por cercenar el cuadro de legiones. Las tropas concentradas en el ala derecha observan el nuevo giro de las acciones sin perder la fiereza.

César tiene que hacer frente a varios ataques simultáneos. Desde su puesto de observación envía refuerzos a los sectores amenazados, sacando hombres de los puntos donde la situación parece estable, sin comprometer las reservas. Al mediodía ninguna unidad está ociosa. Las defensas intercambiables le permiten a los romanos sostener el asedio, pero exigen prodigios de resistencia física a las cohortes, de férrea disciplina.

El flanco derecho de César permanece estable desde los inicios. Ahora envía las legiones de reserva hacia la zona, mientras exige a los combatientes del Monte Rea un esfuerzo supremo. Vercingetórige percibe el movimiento envolvente que se aproxima. Trata de desviar soldados hacia el área en peligro, aunque el acceso a los lugartenientes lo vedan sus propias masas de soldados. César, embriagado por la batalla, acude al flanco derecho, deja flotar al viento la capa escarlata, con su espada muestra el camino a la caballería que lo sigue llena de ánimo.

Cuando los legionarios distinguen a su jefe, arrojan las azagayas y empuñan las espadas, cargan rabiosos sobre la desordenada tropa de los galos. La resistencia se rompe. El avance llega casi a la retaguardia derecha de Vercingetórige. César retorna a la colina de observación. Desde allí ordena a su más temible fuerza de choque, la caballería de mercenarios germanos, que se desplace al centro. Está casi fresca en el flanco izquierdo, sin lanzarse a nada comprometedor, y ahora avanza rauda, rompe las masas compactas de la infantería gala. La carnicería es total. Pronto los galos, acosados por el frente y por el flanco derecho, intentan un repliegue. César, expectante, ordena la persecución.

La desbandada colma los gritos trepidantes de las cohortes que avanzan, que muelen al enemigo. La fuga favorece la aniquilación. César comienza a recibir las insignias. Se siente invulnerable, se ve entrando a Gercovia. Es el único, el más fuerte. La supervivencia de sus legiones en el páramo es una alabanza a su poder divino. Pregunta por Vercingetórige. No aparece entre los muertos o heridos. Ordena un nuevo rastreo. La noche cae presurosa y se sospecha que el jefe enemigo se encuentra tras las murallas de Alesia.

Antes de presidir el banquete, César reconstruye la huida, supone con razón una orden de Vercingetórige previendo un escape seguro hacia Alesia, propiciando en caso de derrota un corredor indemne a la sañosa persecución romana.

No sabe César que tal orden imparte Vercingetórige a su primo Vercasivelauno cuando sale a reunirse con sus oficiales. Tampoco recuerda ahora que su lugarteniente Sabino, antes de abandonar la tienda para el combate, le susurra que doscientos jinetes quedan al pie de la colina, listos a protegerlo si el desenlace no es propicio, listos a garantizar que su jefe cruce indemne el Allier.

2015, en la revista *Árbol Invertido*, Ciego de Ávila, Cuba.

KAFKA EN CANETTI

...las guerras íntimas, donde la paz sólo es la que uno puede desear para sus cenizas.

Franz Kafka, carta a Felice Bauer.

Sobre las referencias que retroceden de *El otro proceso de Kafka* (1969) a su única novela: *Auto de fe* (1935), sobre la diáspora judía y el asedio escéptico a la conciencia, se evidencia que Elías Canetti sería poco aprehensible sin la lectura del atormentado autor praguense. Me propongo conjeturar algunas analogías.

Ignoro en qué mes de 1924 regresó Canetti a estudiar Química a Viena, pero ese mismo año y muy cerca, en el sanatorio de Kierling, moría Kafka de tuberculosis, el 3 de junio, un mes antes de cumplir 41 años. Canetti entonces apenas tenía 19 —viviría casi 90—, pero ya había dejado el sefardí materno y el búlgaro por el alemán, como Kafka el checo de su ciudad natal por la lengua dominante en la región. Lo interesante es que ambos al optar por el alemán, experimentan un extrañamiento hacia la palabra, una distancia respecto del medio de expresión.

Cualquiera puesto a escribir en otro idioma lo sabe, pero la intensificación connotativa de la literatura recrudece los retos, al añadir en algún grado cierta sensación exótica, ajena, quizás animadora de los signos lingüísticos. Kafka y Canetti —por lo menos bilingües—, coinciden en su relación con el idioma, lo experimentan fuera de la norma lingüística de la cual provienen, a lo que se añade la relación —sobre todo de Kafka— con el yidish, y la familiaridad de ambos con el hebreo.

A un costado decisivo de tales analogías, está un decisivo punto de coincidencia entre los dos autores judíos: la actitud bien lejana de veleidades o compromisos con las autoridades establecidas, en cualquiera de sus encarnaciones. Mark Lilla no podría incluir a ninguno de los dos entre los penosos casos de intelectuales filotiránicos. Ellos no podrían acompañar nunca a Martin Heidegger, Carl Schmitt, Walter Benjamin, Alexandre Kojéve, Michel Foucault y Jacques Derrida. "La seducción de Siracusa" jamás pudo tentar a Kafka y Canetti.

Los dos estuvieron bien conscientes de los factores que convierten a los intelectuales en borregos. Canetti hasta lo argumentó con nitidez erudita en *Masa y poder,* y también en los tres volúmenes de su autobiografía: *La lengua absuelta, La antorcha al oído* y *El juego de ojos.* Ambos rechazaron las prácticas despóticas, sin excluir —desde luego— las derivadas de uno mismo contra sí mismo. Unos cuantos aforismos de Canetti son bien explícitos sobre las modalidades coercitivas. Kafka lo hace primero, de modo implícito, sobre todo en *El castillo* y en *El proceso.* Isaiah Berlin podría haber aducido sus textos como clamores a favor de la diversidad y el pluralismo. Ninguno aceptó que ante los interrogantes morales y políticos haya una sola respuesta verdadera. Sus peculiares respuestas a la modernidad enajenante —pesimista en Kafka, quizás hasta frisando el nihilismo— nunca jugaron con la ilusión perversa de que el fascismo o el comunismo fueran a solucionar nada. La historia no la concibieron hegelianamente como construcción, salvo como un empedrado camino conducente a entrar, al menor descuido, *En la colonia penitenciaria*.

Los mejores estudios y biografías de Kafka —Brod, Bradbury, Citati, Unseld, et. al.— coinciden en la repulsión a las variadas formas de tiranías —su padre representa la menos significante— que siempre experimentó el abismal autor de *La metamorfosis*. Víctima de sus propias limitaciones, el insecto en que Gregorio amanece convertido tranquilamente, también es producto de la represión social, no sólo de las que corresponden a sí mismo y a la familia, al trabajo cosificante y la rutina irrompible.

La tragedia del reconocimiento, sin embargo, a la vez causa lástima y asco, genera conmiseraciones y repulsión. Lo mismo producirá Ezra Pound cuando vio en el fascismo la redención, anhelo a situar en creencias religiosas o en la conciencia de cada hombre, no en utopías sociales que siempre han desembocado en holocaustos, sin cielo y con infierno, como aún ocurre en países alejados de la siempre lenta, frágil y engorrosa democracia.

Canetti sigue muy de cerca la atormentada saga. *Auto de fe* podría considerarse la más kafkiana de las novelas alemanas del pasado siglo, mucho más que la deuda de Kafka con las del novelista y caminante suizo Robert Walser. Los trasvases —intertextualidades y demás— entre "Una cabeza sin mundo", "Un mundo sin cabeza" y "Un mundo en la cabeza" —las tres partes de *Auto de fe*— con la obra narrativa

30

de Kafka, despiertan curiosidades, acuciosidades. Las reflexiones que suscitan no sólo conforman un "espíritu de época", sino que multiplican la fuerza de la lectura, pues constantemente la analogía guiña el ojo; un ojo sibilino, enrevesado, abisal.

El personaje central —Kien— sería extravagante sin los más fuertes personajes de Kafka, la atmósfera de apartamiento del orientalista rodeado de sus anaqueles de libros —estricta y pulcramente ordenados— sería extravagante sin los ambientes opresivos y laberínticos de Kafka. Las inalterables costumbres de Kien y la relación con su criada Teresa Krumbholz serían extravagantes sin las cotidianidades kafkianas, siempre a punto de perder rumbos, asideros...

El final de la novela tampoco escapa. Los pies se le volverían de plomo sin las incertidumbres que Kafka abrió para la literatura contemporánea, al punto de acuñar el adjetivo de su propio nombre. Si ninguna persona medianamente culta del mundo occidental puede prescindir hoy de lo kafkiano, mucho menos Canetti hace ochenta y tantos años. El título de la representativa *Auto de fe* recrea las nuevas ceremonias de ejecución. Las labores inquisitoriales que el Estado —en primer lugar— a través de medios coercitivos brutales o sutiles ejerce con saña contra disidentes, contra cualquier forma de herejía y de pecados que subviertan las normas. La iglesia católica celebró siempre con gran publicidad —solemne y ritual— cada auto de fe, cada ejemplarizante ceremonia judicial contra los desviados. Se conservan escalofriantes grabados donde la procesión de los condenados en las plazas públicas, antes de la ejecución de la sentencia, reflejaban su terror más que su arrepentimiento. Las dulces llamas de la hoguera se encargaban inmediatamente de concluir el escarmiento. Y baste recordar que entre 1481 y 1808 más de 340,000 personas sufrieron el *proceso*. 32,000 fueron quemadas en autos de fe.

El capítulo final de la novela, como su título, merecen *a posteriori* el adjetivo de kafkianos. "El gallo rojo" —colofón narrativo— se inicia aislando, taponando, clausurando: "Peter cerró el apartamento con llave al salir su hermano. La puerta estaba asegurada por tres cerrojos complicados y gruesas barras de hierro. Las sacudió: no se movió un solo clavo. La puerta entera parecía hecha de una sola pieza de acero: uno se sentía en casa detrás de ella".

El suicidio del Dr. Peter Kien, el incendio de la casa a partir del *Theresianum* —atizados por una veloz sintaxis que el traductor al español, Juan José del Solar, logra imitar— , la locura ante los demás producto de la agorafobia del eminente sinólogo, la acumulación de indicios maníaco depresivos en cada una de las habitaciones del apartamento, el avance inexorable del fuego sobre el personaje y su querida biblioteca, terminan en la oración final: "Cuando por fin las llamas lo alcanzaron, se echó a reír a carcajadas como jamás en su vida había reído".

Fiel a su título, la novela también es fiel al recrudecimiento del tópico romántico del rechazo a la sociedad, que en las primeras décadas del pasado siglo tiene en la obra de Kafka su más fuerte voz. Canetti —como demostrará en su posterior obra de filósofo social— ya tiene aquí plena conciencia de que la relación del individuo con las *circunstancias* se ha convertido en un *Auto de fe*. Sobre todo si ese individuo es un intelectual, para colmo perteneciente a una minoría que desde hace milenios ha sufrido la diáspora y la envidia, el abroquelamiento en sí misma y la represión sanguinaria. Su personaje es digno de Kafka. Kien perfectamente podría haber aparecido una década antes, cuando *El proceso* pasa a engrosar los manuscritos terminados que Max Brod rescataría contraviniendo la orden del autor, y publicaría en inestimable decisión. Y otra década antes (1915) la hoguera de Kien también pudo ser una metáfora de Gregorio Samsa, otro modo de metamorfosis.

Por supuesto que *El otro proceso de Kafka* va a señalar desde su publicación la otra evidencia explícita, desde la edición príncipe en 1969 (Carl Hanser Verlag, Munich) hasta la primera en español de 1976, traducido por Michael Faber-Kaiser y Mario Muchnik, el imponente y tenaz editor. Las cartas a Felice Bauer —impresas en un grueso volumen de 750 páginas— son el objeto de estudio. La perspicaz reflexión crítica, caracterizadora del chocante, genial narrador, no sólo echa abajo algunos tópicos repetidos hasta el hastío, sino que infiere de las cartas un retrato bien hondo de Kafka, una imagen donde lo ontológico no sucumbe ante el ágora.

Canetti demuestra ser un conocedor al detalle de su admirado escritor, las informaciones que maneja son indubitables, dignas del más acucioso biógrafo. Claro que la narración de las peripecias entre Franz y Felice parten de las cartas, pero sólo una holgada familiaridad con la obra, la vida y la época puede cualificar el recorrido, puede enunciar sesgos característicos. Hay consenso en que *El otro proceso de Kafka* es una imprescindible investigación sobre el miedo y la indiferencia, pues como se anota en la contracubierta: "Ningún escritor ha representado mejor que Kafka el drama de nuestros tiempos ni sufrido tanto de sus dos características esenciales: la indiferencia y el miedo. Todo ensayo sobre Kafka es, por ello, un ensayo sobre el mundo en que nos toca vivir".

¿Miedo? ¿Indiferencia? ¿Acaso no son también las hidras que acosan a Canetti? ¿Qué le motivó a escribir este largo ensayo? ¿Podría estar en un apunte de *El corazón secreto del reloj*, correspondiente a 1975, cuando al hablar de Walser remite a Kafka, y dice que "las complicaciones de Kafka son las del emplazamiento. Su tenacidad es la del aherrojado. Se vuelve taoísta para sustraerse", es decir, cuando se compara con ellos: "Robert Walser (...) es todo lo que yo no soy: desvalido, candoroso, veraz (...) Quiere ser pequeño, pero no tolera que lo acusen de pequeñez", como los personajes de Kafka, me atrevería a añadir.

Analogías a un costado —decisivo, por cierto—, limito mis especulaciones a una frase —aforística, de las que Canetti fue siempre un adicto voraz—, perteneciente a *El otro proceso...* Allí asevera: "Toda vida que uno conoce a fondo resulta ridícula. Cuando uno la conoce todavía mejor, resulta sería y terrible". Aunque se refiere al conocimiento que Kafka tuvo de Felice, también puede ser válida para la obsesión de Canetti por su venerado narrador.

A través de la relación entre los novios se descubre poco a poco la aversión de Kafka hacia el establecimiento de cualquier tipo de compromiso que pusiera en riesgo sus márgenes de libertad personal. Dueño de su paradoja existencial amor-odio, se dedica con saña a erigir obstáculos entre él y Felice, a inventarse excusas y pretextos, a buscar razones para no consumar la relación que, de seguir su curso, hubiera culminado en matrimonio: otra sujeción para una personalidad frágil, tan desvalida, egoísta y veraz como su maestro Robert Walser.

La copiosa correspondencia argumenta que el diálogo de Kafka era con él mismo, como siempre hizo hasta en el enajenado empleo donde se ganaba la vida, según advierte Brod. Sus celos dan muestra inequívoca de una inseguridad que a la vez señala egoísmo y necesidad de reconocimiento, a pesar de que los envuelva con astucia retórica en ironías autoconmiserativas. Franz le escribe a Felice: "Me siento celoso de todas las personas que citas en tu carta, las que nombras y las que no, de los hombres y las muchachas, de los comerciantes y los escritores". Como le ha enviado *Contemplación*, en la siguiente carta le confiesa: "No creo que haya nadie que sepa qué hacer con mi libro, soy y he sido consciente de ello, me atormenta el sacrificio en esfuerzo y dinero que ha realizado un editor pródigo, todo a pura pérdida". Otras cartas refuerzan no sólo su autenticidad — pocos seres tan lejanos de la hipocresía— sino su miedo a las formas de opresión, al Poder así, con una mayúscula que enfatiza su presencia religiosa o secular —*El castillo*—, y por lógica extensión a las más sutiles encarnaciones que este adopta sobre los sumisos y que esgrime contra los rebeldes.

¿Qué inspira Kafka en Canetti? Concluyo con una respuesta exploratoria, dueña de sus dudas. "Quizás las personas sensibles como él no sean realmente tan inusitadas; resulta mucho más excepcional la particular lentitud de sus contrarreacciones. A menudo habla de su mala memoria, pero en realidad no pierde nada. (...) Es cierto, empero, que no dispone en todo momento y con entera libertad de sus propios recuerdos; su obstinación se lo impide, no es capaz de jugar irresponsablemente con el recuerdo, como los demás escritores" —afirma Canetti al describir su afición.

Pero quizás el centro de la admiración —después de lo obvio, referido al talento literario y la entrega a la escritura de Kafka— se halle en que fueron partidarios de los humillados. Los dos mantuvieron con ejemplar obstinación el rechazo al *Poder* en cada uno de sus aguijones. Ambos supieron retratar con expresiva lucidez no sólo a los poderes sociales contra la *masa*, sino a los ucrónicos y no circunstanciales que asedian la conciencia, el alma.

México D.F., 2006, en la revista *K*, No.1.

MONTAIGNE, BLOOM Y SLOW

Sus biógrafos coinciden en el sentido epicureísta, que evidentemente se le aguza después de los cuarenta años, cuando prepara los dos primeros tomos de sus *Ensayos*, aparecidos en 1580. André Gide le llama "el exquisito de su discurrir ocioso"[1]. Harold Bloom le rinde varios homenajes, el más reciente hace apenas un año, en el más sereno de sus libros: *¿Dónde se encuentra la sabiduría?*[2] La tercera palabra —*slow*— no corresponde a ninguna persona, es el adjetivo inglés que significa *lento*. Intentaré zigzaguear entre mi propio título...

¿Por qué *slow* aparece junto a Montaigne y Bloom? Por envidia, ni más ni menos. Ahora que el canadiense Carl Honoré elogia la lentitud entre los que pueden disfrutarla y logran hacerlo, uno piensa en las ventajas que la fortuna le proporcionó a Michel de Montaigne en su castillo cercano a Libourne. Allí, en la torre que diseñó y mandó a construir para su biblioteca — la mejor de la época, y no sólo en Francia —, este liberalista nunca estuvo apremiado por el tiempo, y ya hacía casi dos siglos que el reloj mecánico comenzaba a dominar la existencia, al ser que convierte en segundos que corren.

---

[1] M. de Montaigne, *Páginas inmortales*, Ed. Tusquets, Barcelona, 1993, selección y prólogo de André Gide, p. 19.

[2] Harold Bloom, *¿Dónde se encuentra la sabiduría?*, Ed. Taurus, México, 2005.

No es casual que otro hedonista de pensamiento libre, Juan José Arreola, le admirara tanto. Retomo una distinción que con su fosforescente sagacidad rescatara el imborrable narrador mexicano, tan lejana del almidón académico, por lo general aburrido y chato. En su prólogo a los *Ensayos escogidos*[1] exalta la influencia de Plutarco en Montaigne, y aclara que el género inaugurado por el genial pensador francés no significa ni intento ni tentativa, sino prueba, aprendizaje, degustación.

Parece evidente que una de las primeras condiciones para *probar* bien es la calma, que implica tomar cada asunto en sí mismo — vino o neoplatonismo, cría de ovejas o estructuras retóricas, queso azul o inmortalidad… La degustación que de manera redundante nombra *ensayo* a cada uno de sus textos, se asienta en una sana independencia del tiempo, en la subordinación de este al aprendizaje del momento, sobre cualquier motivación y sin supeditar el placer de la prueba al fin, es decir, al escrito que tras el trayecto deja.

El actual Movimiento Slow no ha cesado de avanzar entre los que buscan darle más calidad a su vida cotidiana, desde que naciera en la Roma de 1986   fundado por Carlo Petrini para enfrentarse a la plaga de comidas rápidas. Sobre esta angustia existencial contra las diversas formas de la rapidez también discurrió Montaigne, aunque todavía en el siglo XVI no se padecía — ni por asomo — la enfermedad del tiempo, la fuga hacia un futuro siempre pospuesto, como en la novela *La lentitud* del checo Milán Kundera.

---

[1] M. de Montaigne, *Ensayos escogidos*, UNAM, México, 1977, prólogo de J. J. Arreola, epílogo de A. Castañón.

No creo que nadie pueda imaginarse a Montaigne anunciando un manual internáutico o en soporte papel que permite conocer a Baruch Spinoza en cuarenta y cinco minutos o a la *Biblia* en noventa, leer mil palabras por minuto o preparar una paella en media hora. La actual ironía que determina la atrocidad de una humanidad que nunca ha estado más preocupada por el tiempo y nunca ha tenido menos, jamás pudo inquietar a un hombre que se consideraba a sí mismo lo esencial, cuyo *ser* priorizaba sobre el *estar* — axis retomado en el pasado siglo por existencialistas escépticos como Albert Camus o católicos como Jacques Maritain.

El epítome de la sabiduría de Montaigne estuvo siempre en la pregunta dialéctica *¿Qué sé?* o *¿Qué sé yo?* Hombre que dominó antes el griego y el latín que su lengua materna, cuya formación y erudición llegaron a asombrar a los versados doctores de la Roma papal cuando estuviera de paseo por allí, nada más coherente con su personalidad que desde esa conciencia de la ignorancia — por lo demás arrogante — ponderara las virtudes de la lentitud, del sosegar como arte para no ser atrapado por la fuga permanente.

Y aquí entra la primera afinidad con Harold Bloom, aunque el orden no es ciertamente lo importante. Mucho menos cuando Montaigne despreciaba — y ahí radica una de sus novedades estilísticas — las celdas del discurso impuestas por la retórica antigua, calcinadas en prontuarios escolares, convertidas desde hacía varios siglos en la negación de las academias y liceos griegos donde los sofistas enseñaban[1].

¿Cómo no iba a admirar Bloom — defensor del canon literario y del agón entre artistas — a un hombre que se caracterizó por rendir tributo a la tradición greco-latina, a través de innumerables citas, y con ello reconocer la imposibilidad de saltarse las sagas, las voces fuertes? ¿Cómo no iba a descubrir Bloom a la mente más aguda y sólida de la segunda mitad del siglo XVI, hombre que afirmaba — con la misma soltura que su exégeta de cuatrocientos años después — que "no hay modo de vida tan tonto y débil como el que se lleva por precepto y disciplina", lo que mantiene plena vigencia contra los moldes demagógicos del multiculturalismo? ¿Cómo no iba a reconocer — con independencia de la filiación judía que le llega a Montaigne a través de la familia materna, de origen español — a un filósofo tan mordaz? Capaz de afirmar que "toda inclinación y sumisión les es debida (se refiere a ciertas autoridades eclesiásticas), salvo la del entendimiento. Mi razón no está acostumbrada a doblarse, son mis rodillas"

Bloom — asqueado de las hipocresías intelectuales, tan abundantes en New Haven como en México o La Habana — disfruta como pocos algunas convicciones del incisivo creador del ensayo moderno: "Cada hombre lleva la forma entera de la condición humana", y de ahí que "hay que quitar la

---

[1] Cf. Henrich Lausberg, *Manual de retórica literaria, Fundamentos de una ciencia de la literatura (3 T.)*, Ed. Gredos, Bib. Románica Hispana, Madrid, 1966. Versión española de José Pérez Riesco.

máscara, tanto a las cosas como a las personas". Las dos son enemigas de toda simulación, los dos identifican con precisión de joyero a los que "quieren (...) que nuestra convicción y nuestro juicio sirvan no a la verdad, sino al proyecto de nuestro deseo" — como ocurriera con los neohegelianismos marxistoides, las semióticas cerradas y las ideologías mesiánicas, cuyas cabezas no parecen decapitarse nunca.

Montaigne deslumbra al más valioso crítico literario norteamericano de hoy, le hace reverenciar su autoburla de considerarse "tornadizo y diverso", de exaltar la relatividad y el perspectivismo que ambos aprenden en Platón. En el más conocido de sus libros — El canon occidental[1] — le dedica un capítulo: "Montaigne y Molière: lo canónico y el carácter elusivo de la verdad". Allí reconoce que la obra del francés siempre está en marcha, la llama "milagro de mutabilidad", pues su autor "cambia a medida que relee y revisa su propio libro"[2]. Siguiendo a Ciorán — aunque curiosamente no lo nombra —, establece la subordinación de Pascal, su dependencia, que trata en términos bien duros, hasta le acusa de plagiario, para colmo de resentido.

Exalta la singularidad de los Ensayos con una vehemencia que no le es muy frecuente, y sobre todo el titulado "De la experiencia", que considera clave para la comprensión integral de cada uno y de la personalidad que a través de ellos brilla, hostil al dolor y la muerte. Anota y

---

[1] Harold Bloom, El canon occidental, Ed. Anagrama, Madrid, 1995, Trad. de Damián Alou.

[2] Op. Cit., p. 159.

comenta la defensa del yo, la plena conciencia del ángulo relativista como condición esencial de la lucidez y la idea socrática de tránsito. No deja de anotar que se trata de un hombre que centró en las letras su quehacer, en las dos vertientes interpretativas: como lector y como escritor.

Al humanista que engrandeció el humanismo le cita un pasaje de "De la experiencia" que "sabio como es, adquiere aún más importancia porque sus afirmaciones se basan en una música cognitiva que no oímos en ninguna otra partitura: 'Es absoluta perfección y como divina, el saber gozar lealmente del propio ser. Buscamos otras cualidades por no saber usar de las nuestras, y nos salimos fuera de nosotros por no saber estar dentro. En vano nos encaramamos sobre unos zancos, pues aun con zancos hemos de andar con nuestras propias piernas. Y en el trono más elevado del mundo seguimos sentados sobre nuestras posaderas". Y añade Bloom: "Montaigne contribuye a centrar el canon occidental porque un lector puede localizar su yo, por muy encogido que esté, utilizando a Montaigne como guía. Hasta la llegada de Freud, ningún otro moralista laico nos ha ofrecido tanto, y me parece que el tributo más indicado que podemos hacerle a Freud es considerarlo el Montaigne de nuestra Edad Caótica"[1]

En *¿Dónde se encuentra la sabiduría?*[2] La exégesis es más sutil, quizás porque se trata de su libro autobiográfico y a la vez menos atenazado por sus justas polémicas contra la educación anodina y trivial, la que hoy prima en muchas

---

[1] Op. Cit., p. 169.

[2] Cf. Nota 2.

universidades cuyos departamentos de literatura oscilan entre la inundación de bibliografía indirecta y los fantasmas de las construcciones epistemológicas que trataron de hallar significados exactos, entre asignaturas obsoletas y la inclusión de axiomas exógenos a los valores estéticos, como suelen ser los sexuales y religiosos, los raciales y nacionales, los políticos y moralistas.

El enérgico Capítulo 4 de su búsqueda de la sabiduría lo dedica a "Montaigne y Francis Bacon". Comienza con su acostumbrada tonalidad irrefutable, que tanto molesta — en razón de su implícita burla — a los rígidos profesorcitos de doctorados ilegibles, dueños de una tendencia — esa sí irrefutable — a la mediocridad. Dice Bloom: "El ensayo personal es de Montaigne, al igual que el teatro es de Shakespeare, la épica de Homero y la novela de Cervantes. Que el primero de los ensayistas siga siendo el mejor tiene menos que ver con su originalidad formal (aunque sea considerable) que con la abrumadora franqueza de su sabiduría"[1].

La gran figura renacentista recibe en estas páginas una de las más meritorias actualizaciones, prueba de que los siglos han cualificado los *Ensayos*. Y prueba de que muchos de los supuestos "sabios" de hoy, atentos a la última trifulca entre escritores o a la más reciente revistica promocional, debieran empezar por leerse y meditar el ensayo "De los libros".

El paralelo con Bacon es exacto, quizás demasiado generoso con el filósofo inglés, anglofilia en la que Bloom

---

[1] Op. Cit., p 117

suele incurrir con molesta frecuencia. Pero lo decisivo es cómo sabe evaluar las estratagemas retóricas de Montaigne, su sentido del humor y su distanciamiento de cualquier vanidad obvia, grosera, típica de lo que llama "escuela del resentimiento". Para argumentarlo cita un pasaje de "De los libros" donde desarma con astucia a sus probables detractores: "Que vean, por lo que tomo prestado, si he sabido elegir con qué realzar mi tema. Pues hago que otros digan lo que yo no puedo decir tan bien, ya sea por la pobreza de mi lenguaje, ya por la pobreza de mi juicio. No cuento mis préstamos, los peso. Y si hubiera querido hacer valer el número, hubiera cargado con el doble"[1].

Y claro que Bloom cita la célebre conferencia de Emerson sobre Montaigne, que considera "un tributo magnífico y acertado"[2], lo que al paso le sirve para enfrentarlo a su *trascendentalista* discípulo Blas Pascal: "se ha conjeturado que Pascal redactó sus *Pensamientos* con su ejemplar de los *Ensayos* de Montaigne abierto delante de él. Sea esto cierto del todo o no, podemos decir que Montaigne fue para Pascal simplemente una presencia que no pudo soslayar"[3]. La angustia de las influencias tiene aquí un polémico ejemplo, que desde luego Bloom no desperdicia para ilustrar el contagio, al que añade varios ejemplos comparativos que, en efecto, son indubitables.

---

[1] M. de Montaigne, *Ensayos completos,* Ed. Cátedra, Madrid, 2003, traducción de Dolores Picazo, pp. 418.

[2] Op. Cit., p. 121.

[3] Ibídem, p. 123.

Exalta Bloom que el sueño que hace realidad Montaigne es el de poder leer y escribir en soledad. Lo considera exageradamente — hasta la aparición de Marcel Proust — el más sabio y universal entre los escritores franceses, como si Gustave Flaubert no hubiera existido. No duda en coincidir con los principales estudiosos y biógrafos en que su peculiaridad más preciada es el reconocimiento de su propia subjetividad. En este sentido nada más lógico que la llamada "crítica creadora" — centrada en la Escuela de Ginebra — lo tuviera como uno de sus principales maestros, desde sus fundadores Albert Béguin y Marcel Raymond, hasta Jean Starobinski, que en 1982 publicó su brillante *Montaigne en movimiento*.

La interpretación que no confía en la eficacia de un método sino en el vaivén permanente entre diferentes puntos de vista, tiene en Montaigne un punto decisivo de apoyo, hoy más comprensible que en el pasado siglo XX, quizás por la porosidad filosófica que disfrutamos. Es la que acepta gustosa la presencia de un yo que parcializa, y en consecuencia jamás se equivoca en sus pretensiones de llegar a la "verdad", porque ni se cree "científica" ni dueña de ninguna hermenéutica totalitaria de corte marxista o positivista, porque además — basta leer a Beguin — disfruta su labor, la siente y la tiene por su valor intrínseco, sin apuros académicos o de congresos, sin prisas enajenadoras de un oficio que también forma parte de la creación artística.

Montaigne sobre Montaigne dice que es "tornadizo" y "diverso". Parece que lentamente Bloom lo ha sabido interpretar así. Parece que ahora, tras la inundación de

45

exégesis y la consiguiente burla, estamos más cerca de su genio, como su castillo de Burdeos, como el Movimiento Slow de la calidad de vida. Una vida que brinda el placer de leerle, de aceptar su fidelidad a sí mismo como una copa de champán o un viaje sin énfasis hacia la inquieta tranquilidad espiritual.

En Puebla, diciembre y 2005, conferencia en la Casa del Escritor

SNARK

A Lewis Carroll

Cuando Lewis Carroll escribió *The Hunting of the Snark* no pudo sospechar que la invención del animal y la ironía que encerraba el sinsentido del poema, al parecer escrito bajo los efectos del opio, serviría para nombrar en los Estados Unidos a la crítica literaria cazadora de escándalo, desolladora de obra y autor.

Sugiero ampliar el significado de los textos *snarks*, a partir de una valoración de las reseñas literarias en el 2007. Como parte del actual circuito literario, de sus elocuentes cambios, esbozaré un criterio sobre las perspectivas de la recensión y las peculiaridades que se abren

Recuerdo antes que la abundancia de piezas ofensivas, casi siempre sarcásticas e ingeniosas, universalizó esa suerte de graznido o de ave como término común para identificar la crítica donde todo vale, desde la vida privada del autor hasta las adicciones de su grupo o de su mamá, desde una velada insinuación de plagio hasta la afirmación categórica sobre la indigencia del texto enjuiciado. Ética volandera, la argumentación se subordina al efecto, que siempre es el mismo: anular, infamar, descalificar.

Heidi Julavits obtiene la maternidad de *snark* en el ensayo *"Rejoice! Believe! Be Strong and Read Hard"*, publicado en el número inaugural de la revista *The Believer* —según cuenta Sven Birkerts en "Leer, escribir, reseñar"—. El agraciado con el mote fue Dale Peck, cuando en *New Republic* escribe sobre *The Black Veil*, las memorias de Rick Moody, y de inmediato recibe la crítica de Julavits, entre otros regalitos contra su desuello.

El repunte de este tipo de reseña buscadora de escándalo — aunque es obvio que el vitriolo siempre acompañó a la tinta de imprenta — tuvo que ver con las encuestas donde se evidenciaba el declinar del número de lectores. Así lo consigna Sven Birkerts, cuando en sus reflexiones llega a preguntarse sobre la sobrevivencia de la reseña misma. No ya de las clasificadas como *snarks* — también desesperada moda para subir la audiencia — sino de cualquiera de las que hasta fines de siglo ocupaba un sitio habitual en la página cultural de la prensa, casi siempre bajo una firma reconocida.

Un importante diario de Atlanta acaba de suprimir la sección de libros y despedir a la encargada. El síntoma se repite en las grandes ciudades del mundo, y por supuesto que alcanza a la radio y la televisión, salvo las subvencionadas por el estado. El fenómeno parece estar llegando a los grandes semanarios culturales, a favor de las páginas de cine y música. El comentario de libros — parte esencial, como se sabe, del circuito literario — retrocede, ingresa al archipiélago de exquisiteces o de *antiquités*.

Aunque aún las revistas culturales no muestran una reducción significativa, su tiraje mismo, en relación con el público, es signo de que se ha detenido el avance, cuando no reducido en su versión impresa. Las entradas al sitio *web* tampoco muestran señales optimistas. La academia — revistas vinculadas a alguna universidad o centro de estudios — parece mantener su estándar, pero en muchos casos no se sabe si es para que los profesores no pierdan categoría de investigadores.

El machacado lugar común — a pesar de que algunos intelectuales descubren el mole verde en el 2007 — apunta como causas del desastre la trivialización internáutica, la inundación de textos, la vida posmoderna sin tiempo ni objetivo... También recuerda las predicciones de McLuhan en *La galaxia Guttemberg*, la *cybercultura* y — en algunos casos — la sencillez del analfabetismo funcional dentro de las clases altas y medias, las únicas — otro tópico — con suficiente poder adquisitivo y tiempo libre.

Sin embargo, pocos hablan de la estética interactiva como enriquecimiento de la teoría de la recepción, a consecuencia, precisamente, de la *cybercultura*: del correo electrónico a las páginas *web*, de las bibliotecas virtuales a la información tipo *Google*, del auge reciente de los *blogs* al abaratamiento global del acceso a la cultura. O enunciado sin catastrofismos, aunque la evidencia sea tangible: nunca antes hubo más lectores, tampoco, al parecer, más personas que escribieran.

Ahí está el axis, la premisa para valorar qué es *snark* ahora, porque lo otro, a pesar de la curva de apogeo en los Estados Unidos, poco tiene de novedoso, salvo la ingeniosidad del término y su posible conversión en referente mundial, como *taxi* o *quijotesco*. Y bien se sabe que el análisis del fenómeno bajo el referente del siglo XX sería laberíntico, *kafkiano* — para usar otra palabra internacionalizada.

La crítica *snark* debiera comprender, desde la acelerada popularización que experimenta, no sólo a las denostadoras y a las sencillamente superficiales o improvisadas, sino sobre todo a ciertas formas dialogísticas, casi instantáneas, que ha adquirido. Cuando entramos a una nueva era, a formas de vida asediadas por la celeridad científico-técnica, nada puede sustentarse sobre las mismas bases de la modernidad, del pensamiento positivista o del extrañamiento frente al receptor.

El traslado de la reseña hacia sitios *webs* o hacia los *blogs* revoluciona su propio carácter, como sucede con los poemas que utilizan el nuevo espacio de la computadora no como otro soporte, similar al papel, sino que usan en función poética las maravillosas y eficaces posibilidades plásticas y musicales que para empezar ofrece *words* — otra palabra mundializada —, o los sorprendentes programas de diseño que constantemente se renuevan, a veces — como en Brown University — creados por los propios poetas, de envidiable formación en electrónica y medios inteligentes, en ingeniería en sistemas y tecnologías de información.

El sueño caligramático y de los concretistas brasileños — *Blanco* y *Los signos en rotación* de Octavio Paz fueron después un fuerte logro — agotó las posibilidades experimentales sobre papel. Hoy se han abierto variantes visuales y auditivas, donde se involucra al receptor como "hacedor", al ofrecerle "armar" su propio poema, trastrocar los signos, incorporarle efectos que pronto serán hasta físicos... El primitivo autor se ha transformado en suscitador, sugeridor . Y ya el beneficioso fenómeno llega a la narrativa. Las novelas interactivas también son una realidad, de acceso internáutico tan sencillo y rápido como *yahoo*.

¿Cómo entonces encerrar la reseña crítica en paradigmas finiseculares? ¿Por qué mantener las teorías de la recepción en moldes anteriores al *boom* cibernético? Y la pregunta cuya reflexión dio origen a este ensayo: ¿Qué significa *snark* cuando las conversaciones sobre un libro son cara a cara de Manaos a Hanoi, de Cholula a Ulan-Bator?

Un argumento docente redondea la evidencia: En los seminarios sobre reseña crítica que imparto en la Universidad de las Américas, experimenté y verifiqué que la noción didáctica de *escuchar* y de *leer* prioriza hoy más que nunca la interactividad, la presocrática y socrática atmósfera dialogística. En la multidimensionalidad consustancial al acto comunicativo, donde se integran las orientaciones o perspectivas —*receptiva, constructiva, colaborativa* y *transformativa*— los participantes y yo como administrador pedagógico le dimos mayor énfasis a la zona *colaborativa-transformativa*.

La dinámica de grupo nos llevó — cuando escribieron y sobre todo cuando analizamos colectivamente sus textos críticos — a centrar en la interdependencia todo el aprendizaje. Por ello tomamos la novela *Zapata* de Pedro Ángel Palou, para al final —aprovechando que trabaja en la universidad — debatir con el autor las reseñas sobre su texto, de modo que el círculo hermenéutico se convirtiera en una espiral estética, donde la relación autor-obra-lector se aciclonara, como feliz, polémicamente, ocurrió.

Aunque pensamos que pronto aparecerá el libro — *Zapata, conversar la novela*— donde se recoge el espléndido diálogo, puedo adelantar que la experiencia fortalece la hipótesis de trabajo académico que prioriza la formación de lectores sagaces, rompe estructuras paternalistas, favorece los propósitos lúdicos y vigoriza la adquisición de conocimientos instrumentales de cara a la estética interactiva, cuyas modalidades hace algunas décadas que son usuales en las artes plásticas y en la música.

La hipótesis a discutir — cuando se evalúa el seminario — es si aún tiene sentido el concepto clásico de enseñanza, cuando la propia reseña se convierte en un subproducto, cuando lo esencial es el diálogo que la obra ha catalizado. Un pertinaz olor a obsolescencias percibí cada vez que me traicionaban los prejuicios profesorales, las tradiciones exegéticas, las técnicas del comentario de texto o la binaria idea del *trabajo* frente al *juego*.

¿Qué está sucediendo entonces con la tradicional reseña crítica y cuáles son los escenarios que ahora permiten el calificativo de *snark*? Por supuesto que no han envejecido ni la retórica ni la poética aristotélica — como señalara Roland Barthes en memorable reivindicación crítica —, y solo para colocar un ejemplo de que la idea de progreso poco afecta a las ¿ciencias? humanísticas. Desde luego que no descalifico — todo lo contrario — el excepcional talento valorativo de un Alfonso Reyes, de un Charles Baudelaire o de un Erich Auerbach; lo que sostengo es que el *ciberespacio* — para usarlo como sinécdoque — ha creado una nueva esfera, se han desplegado variantes insospechadas.

Ha nacido, sencillamente, un ámbito distinto. Hay que darle otra dimensión a las reseñas *snarks* porque la crítica misma — su calidad es tema colateral— cuenta con variantes inéditas, similares a las que se abren para la educación a distancia o para la captación y transmisión de imágenes y sonidos vía teléfonos celulares.

Quizás la primera palabra a incorporar como rasgo de lo *snark* sea la rapidez, en el sentido de ausencia de reflexión. El *Movimiento lento* parece tan necesario a la crítica actual como al acto de comer o de hacer el amor. Un muestreo de *blogs* de escritores es más que elocuente: Ha aumentado trágicamente la cantidad de disparates por párrafo cuadrado.

Si bien es beneficioso que la reseña esté adquiriendo un carácter dialogístico, de múltiples emisores-receptores, el leviatán de la trivialidad está más agresivo, muerde con absoluta libertad. Nos comunicamos más — lo que no significa que estemos acompañados —, pero lo que intercambiamos suele ser más propenso a la baratija, muchas veces con acopio bibliográfico.

El facilismo del acceso propende a la haraganería de una excesiva espontaneidad, similar a los signos-apócopes de los *chateadores*. El incremento de usuarios engorda los relativismos apreciativos y el culto ciego a lo nuevo sobre la sabiduría, granizada que empaña la visibilidad exegética con su mañana sale otra novedad editorial, que de inmediato provoca olvidar la anterior. Las transnacionales de la publicación acaparan la producción y la comercialización como nunca antes, venden — chatarra o no — con mejor astucia. Los críticos apenas dan abasto con un género, dentro de una lengua o país o megalópolis. Goethe estuviera en un manicomio...

Al denuesto hiriente, lo *snark* agrega hoy las inundaciones del sinsentido posmoderno — caracterizado por Michel Maffesoli —, aunque como él dijera: "No podemos ser tan soberbios como para dar respuestas a fenómenos que justo se empiezan a comprender".

Puebla, 2007, en la revista *Revuelta*, No. 8

LA DISCÍPULA   REBELDE

Las   tribulaciones   producen
paciencia;   la   paciencia,
experiencia; y la experiencia,
esperanza

San Pablo

Mis   tribulaciones   filosóficas   en   las   dramáticas
circunstancias   que   vivimos   los   cubanos   tienen   en   el
raciovitalismo   perspectivista   y   en   la   hermenéutica
fenomenológica   mucha   de   la   energía   que   posibilita   la
esperanza. Desde este punto de vista al que el epígrafe de San
Pablo alude, suelto mi indisciplina — una reflexión crítica—
hacia el tema maestro-discípulo, como parte de un fenómeno
mucho mayor: los mecanismos de Poder.

Trataré   de   argumentar   que   las   relaciones   entre   José
Ortega y Gasset y María Zambrano ofrecen un excelente
ejemplo   de   fraternal   pluralismo,   de   genuina   democracia sin
subordinaciones   anquilosantes.   En   consecuencia   el   motivo
cubano de esta conferencia se halla a la mano, está en nuestras
manos cansadas de fanatismos y polarizaciones.

La   lectura   de   los   textos   de   la   discípula   sobre   su
maestro, vinculada a sus respectivas obras y biografías, por
supuesto que razona un ángulo decisivo de la filosofía actual
y medita sobre el acontecer contemporáneo; pero quizás sea
más importante lo que entrega acerca del carácter digno y
honrado, desprejuiciado y generoso, que caracterizó sus

relaciones intelectuales y afectivas. Ello permite poner entre paréntesis, deslindar para que brille mejor, un mérito de María Zambrano: su ausencia de idolatría. La alumna nunca tragó sin masticar. Fue   —es— la verdadera discípula, la rebelde, la no epigonal, la que nunca exageró los evidentes méritos filosóficos o la tan polémica originalidad —hipérboles que como la manipulación de su ideario tanto daño le harían y aún le hacen. Ella fue la que nunca ocultó zonas donde disentía, la que sí supo enriquecer críticamente —como debe de ser— el precioso legado del gran madrileño.

Una información cronológica sirve de referencia para evitar equívocos de época y entrar en el aspecto más engorroso de sus relaciones. El había nacido en 1883, ella en 1904. Ortega le llevaba veintiún años y vivió setenta y dos, mientras ella llegó casi a los ochenta y siete, quince años más. Entre el 18 de octubre de 1955 —fecha de la muerte de él— y el 6 de febrero de 1991 —fecha de la muerte de ella— median nada menos que treinta y seis largos años. Y años donde se produce el desmoronamiento de las ideologías neohegelianas con su pesadilla de instaurar el Estado según el modelo prusiano; el auge filosófico de los eclecticismos y existencialismos, y sobre todo de la neofenomenología con sus poderoso instrumental de análisis científico; los albores de la llamada posmodernidad con su rechazo a la falacia del futuro a construir, de la historia convertida en sustituto de Dios, de la masa como uniformidad conducible, demagógicamente manipulable... Mientras España aún festejaba el complejo advenimiento de la democracia, su trabajosa inserción en la Comunidad Económica Europea, María Zambrano pudo honrar al nunca más justo reconocimiento del Premio Cervantes, en 1988, que recibiría en marzo de 1989.

Las diferencias reafirman las distancias entre uno y otra, sobre todo a partir de la poderosa singularidad, del talento de María Zambrano. Pero no pueden enturbiar la evidencia: Fue, siempre se sintió, su discípula. A la muerte de Ortega lo reafirma en el artículo "Don José" —que le publicara *Insula* (No. 119) el 15 de noviembre de 1955—, allí vuelve a decir en singular, con orgullo: "mi maestro" —no "uno de mis maestros". Es evidente que Miguel de Unamuno y Antonio Machado matizan también su formación intelectual, junto a Husserl y Heidegger, Nietzsche y Simmel, Dilthey y Bergson... Pero casi no hay dudas acerca de que el núcleo de su pensar proviene de mil y una intertextualidades con el raciovitalismo.

Claro que la apropiación del ideario de Ortega carece de haraganes mimetismos, que explora ángulos inéditos. En el ensayo "Hacia un saber sobre el alma", que publica en 1934 en la *Revista de Occidente*, dice: "Aunque haya recorrido mi pensamiento lugares donde el de Ortega y Gasset no aceptaba entrar, yo me considero su discípula". Tal filiación hondamente experimentada lejos de restarle méritos cualifica su sabiduría. No hay parricidio. La ingratitud nunca se alojó en ella. En sus años cubanos —tan beneficiosos para nuestra cultura— también su eticidad sembró un hermoso árbol de honradez y generosidad.

Hay, sin embargo, un punto engorroso: la tragedia de la Guerra Civil Española. De las agrias polémicas fanatizadas que tanto estiércol echaron sobre la actitud de Ortega ante la República y ante la bota fascista de Franco, es mejor concederle la palabra a María Zambrano, a su sentido de la justicia. A propósito de *Alteración y ensimismamiento* precisa: "No nos compete a nosotros, a nadie que no sea él mismo, el descubrir los motivos, que creemos muy hondos, de este callar en momentos tales. Pero por fidelidad a los hechos sí debemos consignar que antes, tal vez dos años antes de desatarse la tragedia, Ortega había callado. Quienes teníamos la fortuna de escucharle de cerca sabíamos que este silencio era deliberado, producto de la reflexión más cuidadosa, tan producto de la meditación como sus palabras".

En esas mismas "Confesiones de una desterrada" reproduce un apunte de clase, tomado el 25 de noviembre de 1935, en el que Ortega afirmaba: "Todo profetismo, como toda filosofía, es contra la opinión pública". Y ella entonces recuerda: "El profeta, nos decía, no ha podido impedir jamás que ocurra la catástrofe que profetiza". Hoy parece claro que el hermetismo de Ortega ante la hecatombe de la Guerra Civil es el de quien años atrás se había dado perfecta cuenta de la carnicería que se avecinaba. "Porque en el periódico que él amó tanto ya no hablaba nada" —agrega con tristeza la alumna.

Hay evidencias de cuán caro le hicieron pagar a Ortega ese silencio apesadumbrado. El distanciamiento de la política inmediata, el escepticismo ante la realidad de España y de Europa, le acarrearía montones de enemistades, humillaciones, caricaturas... María Zambrano añade irritada: "Pero nadie, ningún español con arraigo, pudo atravesarlo impasiblemente, y Ortega el meditador, el hombre sumergido en la realidad española como nadie lo haya estado, menos que nadie".

La disparidad con el filósofo social que no se solidariza con la causa republicana, pero tampoco con sus enemigos; que no habla porque piensa   —como sucedió— que España se hundía en una guerra fratricida que la arruinaría durante décadas; no condujo a María Zambrano más allá de la divergencia deferente: "Una mente respetuosa está en vías de crecimiento y no de empequeñecerse, como pueden creer los que por ignorar el respeto lo confunden con el tartufismo" —agrega la filósofa malagueña contra los obcecados, contra la intolerancia que condenó una voz capaz de suscitar "aquella emoción de sus afortunados oyentes cuando, al oírle —cuenta ella— , sentíamos que España, cuya luz había sido la que lucha con la sombra, la luz de la pintura, entraba en la luz diáfana del pensamiento".

Es cierto que el desasimiento de Ortega antes y durante y después de la Guerra Civil, en los pocos años de exilio y a su criticado retorno, molestó a la escritora pro República. Varios son los testimonios. En carta a José María Chacón y Calvo del 4 de marzo de 1940, confiesa sentirse obligada "... a un silencio que es el mejor homenaje que yo puedo hacer a mi maestro y a lo que me considero obligada por todo cuanto le debo. Cuando no se entiende a los que se ha admirado y querido, lo mejor, lo único, es callar... Y tal vez, esperar, todavía". Así lo supo hacer ella, dando un ejemplo que es también válido en cualquier otra latitud, que guarda una sugerente moraleja para la Cuba actual, en particular para las relaciones entre intelectuales que piensan de diferente modo o que están separados por la empobrecedora dispersión (exilio e insilio) que todavía padece la cultura nacional.

Pronto la malevolencia de los sectarios contra Ortega comenzó a desmoronarse. Para los que sinceramente deseaban saber lo ocurrido, poco a poco se aclararon los sucesos. La discípula exiliada, junto a casi todo lo mejor de la intelectualidad de habla castellana, recibieron el verdadero mensaje: Había desengaño político en Ortega, no connivencia con la Falange; había un desgarrado escepticismo ante la sociedad española y quizás ante la capacidad del ser humano para vivir en la diversidad democrática, no cobardía ni oportunismo frente al pensamiento totalitario y la represión.

María Zambrano conocía que después de 1933 Ortega se sume en el silencio; que durante 1935 y 1936 estuvo en cama durante largos períodos, gravemente enfermo del hígado, psicosomatizando las angustias de su triste circunstancia; que gracias a la ayuda económica de Victoria Ocampo pudo partir al exilio; que una parte importante de la intelectualidad argentina —entre ellos Jorge Luis Borges— lo recibió con malagradecida frialdad en venganza por sus ensayos críticos de 1928, en paradójica complicidad con los simpatizantes del fascismo. Pronto conocería que su regreso, primero a Lisboa y después a Madrid en 1945 —impelido por razones familiares y también económicas—, no implicaba necesariamente un aplauso al falangismo, si acaso la aceptación tácita de una tal vez merecida realidad. El reproche a sus mutismos políticos —justa y amarga— no comprometía la honradez del filósofo que nunca más ocupó su Cátedra universitaria, que padeció hasta su muerte la censura de sus escritos. Ella y sus mejores lectores supieron entender con mayor a menor lucidez que la manipulación del ideario de Ortega, como el de tantos hombres excepcionales —Carlos Marx, por ejemplo— no comprometía al autor, no lo hacía o lo hace cómplice de quienes lo endiosan o lo tergiversan. A la lúcida sagacidad de María Zambrano no podía escapar que lo mismo que no podemos culpar a José Martí de cada uno de los "martianos" del siglo XX, tampoco tiene validez cargarle a Ortega la hipoteca de todos los supuestos seguidores, mucho menos que algún texto suyo pueda haber sido parafraseado por algún politiquero de su España, ciertamente, "invertebrada".

Javier San Martín, al explicar las ideas de Ortega después de la trágica fecha de 1936, puntualiza: "Lo que había vaticinado en *La rebelión de las masas*, la rebarbarización del mundo, se había cumplido con creces (...) Se puede decir que no hay cambios sustanciales en la política de Ortega en esta época; quizás un desprecio mayor hacia la política inmediata, porque sabe que los males de la política proceden de un subsuelo más profundo". Esos vaticinios, por cierto, son compartidos por María Zambrano, víctima y enemiga también de las diferentes barbaries padecidas por la humanidad en el tenebroso Siglo XX.

La discípula, sin embargo, coincide con la palabra del maestro, no con sus silencios. Ella también confió en la educación y en la cultura como las mejores vías para evitar las masificaciones trivializantes, en un pertinaz presente cualificador del ser humano...

En el motivante prólogo a *La razón y la sombra* —la excelente antología de María Zambrano que preparara para la Editorial Siruela— Jesús Moreno Sanz expresa: "La experiencia temporal, en Zambrano, está literalmente traspasada por un eterno presente, único que puede liberar del 'maleficio del futuro' que asola a la civilización contemporánea en su persistente y obsesivo 'proyectar', aplazar y construir la vida mentalmente, en su persistente olvido de los tiempos reales de la vida". Esa misma "experiencia temporal" jerarquizadora del "eterno presente", del instante siempre lleno de luz y sombra, la supo transmitir durante sus fecundos años cubanos, es la que hoy florece en la verdadera vanguardia de nuestra intelectualidad. El pensamiento de Ortega, solo o a través de ella, prosigue dando parte del instrumental necesario para abrir agudas reflexiones, independientes juicios, sobre la filosofía social en la Cuba del nuevo milenio.

La talentosa autora de *El hombre y lo divino* y de *La tumba de Antígona*, la hija de la Aurora, nunca dejó de coincidir con Ortega en infinidad de aspectos esenciales de su pensamiento favorecedor de los diálogos, del pluralismo exegético. Al revisar los ensayos y artículos que le dedicara y cotejar las múltiples referencias en diversos textos, se percibe que su "singular vitalismo" y su "permanente movilidad", la idea del "irse haciendo" y no del "hecho filosófico", tienen en el raciovitalismo orteguiano —de base fenomenológica— su indubitable alimento.

En la Primera Lección del Curso de Filosofía que impartiera en La Habana en 1948   —"Ortega y Gasset y la filosofía actual"— María Zambrano afirma: "Pues en aquella hora de su salida al mundo, parecía casi imposible ser español y ser filósofo: ser filósofo por ser y para ser español". Ella sólo menciona a Zuárez y a Vives como antecedentes, a la noción del "Otro" de Unamuno... La claridad y la caridad de Ortega —"Ese temblor por la suerte del ser humano"— se inscriben en el bregar de la autora para "que la razón se disuelva a sí misma a fuerza de entenderse, que la vida se apure, para dejar, celosa, de ocultarse. Que vida y razón —como afirma— no se oculten la una a la otra. ¿Se podrá lograr?"

La influencia de María Zambrano en la cultura cubana —y por extensión del pensamiento de Ortega y Gasset— tuvo también en aquellos cursos libres de filosofía, un papel relevante, junto a sus numerosas colaboraciones en revistas y gracias a su generosidad participativa en reuniones familiares y tertulias literarias. Un solo ejemplo basta para atestiguarlo. Cintio Vitier transcribió una conferencia del largo curso en La Habana sobre "El nacimiento y desarrollo de la idea de Libertad, de Descartes a Hegel". Y en su novela *De peña pobre* dice sobre su amiga: "La voz lejanísima de la que no se perdía una sola insinuante sílaba, la voz más hecha de silencio que de sonido, la voz sibilina de sirena interior de la profesora andaluza, peregrina de la Guerra Civil española, sacaba la filosofía del marco didáctico para mostrarla viva, desnuda, sutil y trágica".

Aunque la cultura cubana ha perdido parte de aquella ejemplar disidencia —la genuinamente enriquecedora—, aunque algunos de sus discípulos de entonces hayan preferido la obcecación, ella supo enseñar muy bien que la admiración debe ser siempre crítica, que ningún monólogo vale nada ante el más sencillo diálogo. Su espíritu imbuido de los presocráticos, disfrutador de los *Diálogos* de Platón, siempre fue ajeno —como el de su maestro— al pensamiento unidimensional, alienante, antipoético. Baste revisar su correspondencia con José Lezama Lima para verificarlo. En mayo de 1976 —menos de tres meses antes de morir— Lezama le escribe la que sería su última carta. Allí recuerda: "Sus emociones de La Habana, tan mía en Ud., me llevan como un tiempo sin tiempo, que fue tal vez el mejor de todos nosotros, en alegría, en virtudes nacientes y en el llamado que nos llevaba a cumplimentar casi sin sentirlo, como una misión que se cumple de la manera más sumergida y misteriosa, pero la reminiscencia vuelve con sus laberintos indescifrables al principio y que después se nos regalan, como una fruta que en la noche impenetrable cae en nuestras manos".

Hay consenso en que Lezama Lima y María Zambrano significaron el uno para el otro la más grande y profunda amistad de sus días. Tras la muerte de su hermano cubano, ella publicará en *El País* su ensayo: "Hombre verdadero: José Lezama Lima". En él logra una precisa caracterización del poeta, que por cierto es muy útil contra críticos escandalosamente oportunistas de Lezama, que han pretendido señalar etapas y marcar evoluciones en su obra, sobre todo después de 1959: "Memorizaba el verbo Lezama Lima, araña que extraía de su propia sustancia el hilo inasible, la intangible memoria que reproduce en los aires el laberinto que hace permisible habitar el lugar justo del guardián de los *inferos* mirándolos sin desafío, con la necesaria 'fijeza'. Ser en la fijeza sin enamoramiento". En ese mismo texto una lúcida frase síntetiza la única obsesión esencial de Lezama: la *palabra* como ofrenda al Espíritu Santo. Dice: "Sólo el Verbo en el hombre verdadero se memoriza".

Podría afirmarse que nadie la sobrepasó en el conocimiento de su amigo, lo que da sobrada prueba de la fertilidad que tuvo su estancia cubana. El 7 de mayo de 1988 —en *ABC*, con el título: "José Lezama Lima, vida y pensamiento"— nos dejó el reto de entender los múltiples sentidos implícitos en la siguiente afirmación: "Atravesaba Lezama Lima diversos planos de lo real y de lo que quiere serlo, de lo que va a serlo, de lo que en la infinitud será: la infinitud y no el futuro calculable". Ese rechazo al "futuro calculable" también pudo aprenderlo Lezama a través de las lecturas de Ortega y de su discípula rebelde...

La proyección auroral de Ortega cada día es más diáfana, bien afincada en el desenfado de su autenticidad que jerarquiza el individuo sobre la masa y el presente sobre el pasado y el futuro.

Nuevas lecturas de sus textos corroboran las apreciaciones de María Zambrano. En el citado artículo "Don José" resalta la intangibilidad como signo inmediato al conocerlo personalmente, porque don José "acompañaba dejando intacto lo que de puro y de fecundo hay en la soledad. Por eso el diálogo con él se desenvolvía con poco esfuerzo, a pesar de las diferencias". Allí mismo testimonia de nuevo su admiración: "Recuerdo que en los primeros tiempos en que comenzó a exponer en los Cursos Universitarios su Tesis Metafísica acerca de la 'Razón Vital' sentí y al sentir hizo comprender que la Razón Vital, desde su comienzo, incluía ya una ética, lo era ya. Y al comprenderlo así vi también la coherencia perfecta entre su persona y su obra; y su filosofar como un verdadero acto creador, una acción pura de la persona; conocimiento que integra, acto moral". Pocos profesores pueden tener el orgullo de haber recibido un elogio como el siguiente: "... nos hacía sentir, mientras andábamos a su lado, que éramos dueños del tiempo, no por poseerle, sino por no espantarnos de él".

También otro texto, de ese mismo año posterior a la muerte de Ortega, publicado en *Cuadernos del Congreso por la libertad de la Cultura*, exalta la labor pedagógica rendida por su guía intelectual. En esas páginas elogia el Prólogo a la *Historia de la filosofía* de Bréhier, donde "acomete nada menos que la crítica de la identidad". Allí vislumbra que la obra del madrileño universal "pertenece sobre todo al futuro de España y al de la Filosofía". Antes, en "Un frustrado pliego de cordel de Ortega y Gasset" —publicado en *Papeles de Son Armadans* en 1963— María Zambrano resume sus razonamientos y sentimientos sobre el autor de *El hombre y la gente*, sobre todo el lado afectivo de la desolación que lo embargó desde mediados de los años treinta: "Pues no hay signos, en verdad, de que Ortega recobrara la confianza en la palabra, en la función de la palabra en España y en el mundo". En "Ortega de madrugada" —el último texto sobre su guía espiritual, publicado en *Diario 16* en 1985— vuelve al elogio, dice: "En el caso del indiscutiblemente más puro y más claro quehacer filosófico español, en don José Ortega y Gasset, se aparece de inmediato, declarado por él mismo, la contextura íntima de una verdadera religiosidad, con su diosa y todo, la Aurora".

Creo que en mi ensayo "Un *Ciclón* cubano para Ortega y Gasset" di cuenta de cómo la discípula rebelde ofreció la mejor síntesis para su época —1956— de la filosofía orteguiana. La pensadora amiga de Camus y de Ciorán, desde la fluidez de su coherencia, supo engrandecer el apostolado precisamente por no convertir en catecismo el legado. Desde sus "razones del corazón" supo ser la mejor discípula, al igual que el transterrado José Gaos en México, Miguel Durán en los Estados Unidos de Norteamérica, García Bacca en Venezuela... Lejos de la llamada "Escuela de Madrid", que como afirma Jesús María Osés Gorraiz en *La sociología en Ortega y Gasset*, "glosaban las ideas filosóficas de su venerado maestro dando por hecho que cuanto él había escrito era poco menos que la verdad". Es decir, perjudicándolo de tanto quererlo, negando su sentido dialéctico, el relativismo de los puntos de vista, el devenir.

Meditar hoy aquella relación tiene un valor muy puntual como reafirmación ética, filosófica y pedagógica para los que tuvimos la desgracia de que las clases de Historia de la Filosofía en la Escuela de Letras de la Universidad de La Habana estuvieran tupidas, literalmente atascadas por los manuales soviéticos de Marxismo-leninismo —como el tristemente célebre de Konstantinov— ; bloqueadas por el materialismo histórico y dialéctico como supuesta cumbre del pensar y fin de la filosofía, como recetario infalible y mesiánico. De ahí también que ir a la Fenomenología y a las axiologías existenciales forma parte substancial de la apertura pluralista a todos —a cada uno— de los horizontes del razonar sin orejeras, sin dogmas propios de los que necesitan prontuarios para encauzar su rumbo, direcciones centralizadas que les ahorren los riesgos de actuar con cabeza propia, jefes que se encarguen de administrar aplausos y abucheos, de "bajar las orientaciones" sobre lo que deben decir o escribir... Desde aquella experiencia entorpecedora —felizmente caída, como dice el verso de Eliseo Diego, "en las oscuras manos del olvido"— leer a Ortega y a María Zambrano forma parte de lo que José Martí aconsejara sin mucha fortuna en 1890: "Ni Saint-Simón, ni Karl Marx, ni Bakunin. Las reformas que nos convengan al cuerpo".

Sé que Ortega vio poco de la América Nuestra, que sus juicios "americanos" pocas veces fueron acertados, que exageró —con algo de positivismo determinista— la teoría de las generaciones y su idea de élites, que cierto eurocentrismo suyo nos resulta poco más que risible... Pero también sé que su gran discípula sí caló hondo en nuestra patria, y ahí está su memorable "La Cuba secreta" —su ensayo-reseña de 1948— como exacta argumentación. Sé que ella jerarquizó mucho más los valores de la metáfora, la cópula misteriosa como vía del saber, que tanto influyera en la poética de la revista *Orígenes,* y sobre todo en el genial José Lezama Lima.

Quizás la mejor metáfora de su amor a Cuba esté —para siempre— en su estampa de nuestra palma real: "Surge y sube la luz como una palma real. La palma que en el breve atardecer se mece levemente por ligereza y no por veleidad como respuesta de su médula blanca en la que se cría un corazón al rayo de luz verde que no siempre la mirada alcanza a ver cuando el sol de fuego se ha hundido en el mar".

Leer a María Zambrano es abrirnos a la diversidad, concordar con ella en la necesidad de una ciencia de la piedad, que es "saber tratar con lo otro"; agradecerle que haya escrito: "Saber tratar, sí, con lo diverso, con los distintos planos de la realidad que al ser armonía ha de ser múltiple. Saber tratar con lo cualitativamente diferente: tender puentes entre los abismos 'existenciales', que hoy se diría. Saber tratar con la mujer, el loco y el enfermo; saber tratar con el mundo que es siempre lo otro —el no-yo—. Saber tratar con lo sagrado, poniéndose una máscara cuando hace falta y callar a tiempo; saber de conjuros y de exorcismos; poder descender a los infiernos una y otra vez, y hasta saber morir en vida todas las veces que haga falta. Saber tratar con los muertos y con sus sombras. Y sobre todo, sobre todo, saber tratar con lo otro en sentido inminente: El otro".

Creo que no hace falta releer la Declaración Universal de Derechos Humanos —aprobada y proclamada por la Asamblea General de las Naciones Unidas el 10 de diciembre de 1948, y ratificada por Cuba en esa fecha— para aplaudir el espíritu a favor de la dignidad y de los derechos "de todos los miembros de la familia humana", de convivencia democrática y respeto a la libertad de palabra y de creencias, que María Zambrano brillantemente resume en ese "El otro" del párrafo de su carta-polémica con Alfonso Reyes —a propósito del olimpismo imperial de Goethe y su proclamada falta de "prenda a pagar"—que acabo de citar.

La discípula también supo seguir a Ortega en su filosofía social. En *Persona y democracia* condena "los totalitarismos de Estado que paradójicamente y extrañamente, han comportado el endiosamiento de un personaje, cosa en verdad sorprendente. Pues todo lo que el hombre quiere, primero lo sueña. Y como sucede en los sueños, lo absolutiza". Los que han leído *La rebelión de las masas* —el premonitorio libro de Ortega de la década del veinte— saben cuánta coincidencia hay con lo que ella dice.

"Se trata, pues, de que la sociedad sea adecuada a la persona humana; su espacio adecuado y no su lugar de tortura" —reafirma en *Persona y democracia*, libro cuya relectura recomiendo a todos sus admiradores cubanos de cuando estuvo entre nosotros y de las nuevas generaciones. Allí mismo señala que "siempre que el hombre occidental ha creído en algo no ha podido pasarse de hundirlo en el infierno o de soñarlo como paradiso. (...) Pues la sociedad o el modo de vida democrático es la liberación y disolución de todo absolutismo. Y el absolutismo, cualquiera que sea su origen y su argumento, es, mirado desde la persona humana, un quedarse encadenada en un momento absoluto, y en él, detenerse o abismarse".

Exacta pertinencia en América Latina mantiene su idea de que "La democracia es el régimen de la unidad de la multiplicidad, de reconocimiento, por tanto, de todas las diversidades, de todas las diferencias de situación. El absolutismo, y aun sus residuos operantes en el seno de un régimen democrático, tiene en cuenta solamente una situación determinada. Si en efecto así sucediese, si no hubiera, de hecho, más que esa sola situación en el momento presente, sería posible el género de unidad que el absolutismo — declarado o encubierto— propone. Pero una sociedad es un conjunto de situaciones diversas: perder de vista siquiera una de las más decisivas significa la catástrofe o el estancamiento". Creo que no es necesario comentar nada de su defensa de la complejidad humana, de su razonada esperanza en la respetable, saludable e imprevisible diversidad. Sus críticas a Hegel y sus *Lecciones de filosofía de la historia* dan sobrada muestra de la repulsión que María Zambrano sentía hacia el endiosamiento de la Historia y la teoría del progreso indefinido, hacia el "futurismo" que según Ortega había comenzado con Descartes, hacia la conversión del hombre en masa por el Estado Dios, "que por su misma falta de sustancia reclama sacrificio"...

Creo, en consecuencia, que la búsqueda de un presente más respirable tiene en los dos pensadores españoles una bandera flameante. Una llama sin prejuicios ni dobleces. Sus parábolas instan a rescatar con mayor soltura las tradiciones filosóficas cubanas, sin fanatismos ni creencias impermeables. Son una saludable advertencia contra los virus sectarios e inmovilistas. Sugerir nuevas lecturas de sus obras simboliza la necesidad de diálogo que nuestra nación exige. Aunque lamento que Ortega apenas se ocupara de nosotros, a pesar de que su padre, José Ortega Mancilla, naciera en el puerto de Cárdenas, en 1850. Y también a pesar de que María Zambrano --por su rechazo a los autoritarismos y líderes "infalibles", unido a su repudio al comunismo-- no volviera a visitar Cuba ni colaborara en ninguna revista cubana, después de 1959.

De los valores de Ortega los cubanos hemos escrito algo. Menciono los trece ensayos que recogiera la *Revista Cubana de Filosofía* en 1956, aunque se registran más de sesenta textos a partir del artículo de Félix Lizaso en *Heraldo de Cuba*, el 10 de noviembre de 1916. De los valores de María Zambrano poco a poco se engrandecen las apreciaciones de su prosa sinfónica, del "saber sobre el alma" en la "musicalidad del escribir". De su propuesta hermenéutica se aprende la analogía símbolo-realidad, la búsqueda de una luz sin sacrificios, la otra lectura de los sueños, la delicadeza y la ternura de su vista perspicaz y de su voz sibilina, la explícita batalla a favor del respeto a la diversidad y la implícita a favor de la igualdad plena de la mujer, la comunión mística a la que Ortega no quiso o no pudo llegar...

Entonces, desde el Curso Délfico de Lezama Lima, vale seguir por la metáfora participante, encarnada. Desde ella abro un paréntesis —como enseña Edmund Husserl— donde las búsquedas cubanas de la equidad no deben prescindir de la "razón vital" dimensionada por las "razones del corazón", por las exigencias de la Aurora.

Los años cubanos de María Zambrano engrandecen a José Ortega y Gasset. Maestro y discípula quizás sean ahora maestra y discípulo, el cilindro de Anaximandro los intercambia venturosamente.

Conferencia pronunciada en el Centro Cultural de España en La Habana, el 4 de mayo del 2000

MARÍA ZAMBRANO-LEZAMA LIMA: EXILIADA E INSILIADO

Aquel domingo de octubre de 1936, cuando se conocen en el banquete habanero que le brinda José María Chacón y Calvo a la recién llegada, María Zambrano es una joven malagueña, precoz y sobre todo observadora, sugestiva y culta, casada con su más reciente novio y de paso a Chile en el buque frutero Santa Rita. Lezama tiene 26 años, ella 32. La foto en el restaurante y las de ellos de aquella época, muestran un Lezama apuesto y aún delgado; a una María sílfide o náyade.

Sin excluir chispazos de atracción física, propios de la química inefable, Lezama ya había leído en *Revista de Occidente* y quizás en *Cruz y Raya*, ensayos de la discípula rebelde de Ortega y Gasset, de la que en unas décadas sería la voz más nítida y tal vez lúcida del pensamiento filosófico de habla hispana. María ni sabía quién era aquel sagaz interlocutor, que ya presumía de erudiciones y sobre todo de metáforas gongorinas.

Este ensayo pretende algo hoy muy exótico: invitarlos a observar una amistad como confluencia de ideas, mutuas resonancias, fricciones filosóficas que en el poeta se convierten en su poética y en la filósofa en su "razón poética" para entenderse entre ellos y entender la otredad. O quizás sea mejor decir las otredades.

Hermoso signo contra obtusos fanatismos, seguir aquellas señales no es un acto de arqueología intelectual sino un desafío al presente histórico, a la historia que Hegel equivocadamente vio como construcción, futuro. La correspondencia entre ellos, los textos que ambos se intercambiaron hasta después de la muerte de Lezama el 9 de agosto de 1976, y algunas informaciones y anécdotas bien verificadas, permiten armar un punto de vista que enaltece a los dos grandes escritores, con Cuba –para bien y para mal-- en el centro. Mi cercanía a la conocida como Escuela de Ginebra enlaza texto y contexto, considera útil tanto la valoración estilística de una sinécdoque en *Muerte de Narciso*, como las informaciones sobre un librero de la calle O'Reilly llamado Veloso, apodado el Gallego, sobrino del dueño de la entonces mejor librería habanera, La Moderna Poesía, que le permitía a Lezama pagar los libros a plazo y al que María le encargaba libros recién publicados en Ciudad de México, Buenos Aires, París...

En mi libreta de apuntes del Curso Délfico (*Lezama Lima o el azar concurrente*, 17-69)[1] correspondiente a los primeros meses de 1975, aparece el viernes 28 de marzo que Lezama esa noche nos leyó –a mi esposa María del R. García Estrada y a mí-- el poema que acababa de escribirle a su querida María Zambrano. Él se lo adjuntaría a la carta enviada el 7 de abril (*Correspondencia*, Carta XXXIII, 179); tal vez con las modificaciones que solía hacer al pasarlo a máquina o dictárselo a su esposa María Luisa Bautista.

---

[1] Así llamaba Lezama a las sesiones de diálogos y lecturas que él dirigía en su casa, para un grupo de jóvenes, entre los cuales tuve el enorme privilegio de estar. Cf. bibliografía, mi ensayo "EL Curso Délfico".

El poema no resume sino lanza flechas. No es síntesis sino símbolos, imágenes, resonancias de cariño y admiración. Lezama, como otros poetas-ensayistas –Borges, Paz…--, asedia motivos temáticos desde diferentes opciones en diversas épocas. En este caso desde sus recuerdos de paseos, lectura de ensayos y libros de ella, asistencia a conferencias en el Ateneo, veladas en la casa del músico Julián Orbón, almuerzos dominicales en Bauta –en la parroquia del padre Ángel Gaztelu o en la cercana playa de Baracoa-- y cartas a Italia y Francia.

También lo hace así, desde varios prismas, en otros poemas –según puede comprobarse— y mediante la escritura de un ensayo, como sucede con Julián del Casal o con los misterios del orfismo que siempre lo fascinaron. Sólo un *leitmotiv* recurrente es capaz de provocar escrituras disímiles a lo largo de períodos de tiempo más o menos dilatados. Aquí tenemos el que quizás sea el axis de la amistad que los engrandeció, digna de estudiarse por algún nuevo Maurice Blanchot (*Pour l'amitié, L'amitié*). Dice:

MARÍA ZAMBRANO

María se nos ha vuelto tan transparente
que la vemos al mismo tiempo
en Suiza, en Roma o en La Habana.
Acompañada de Araceli
no le teme al fuego ni al hielo.
Tiene los gatos frígidos
y los gatos térmicos,

aquellos fantasmas elásticos de Baudelaire
la miran tan despaciosamente
que María temerosa comienza a escribir.
La he oído conversar desde Platón hasta Husserl
en días alternos y opuestos por el vértice,
y terminar cantando un corrido mexicano.
Las olitas jónicas del Mediterráneo,
los gatos que utilizaban la palabra *como*
que según los egipcios unía todas las cosas
como una metáfora inmutable,
le hablaban al oído,
mientras Araceli trazaba un círculo mágico
con doce gatos zodiacales,
y cada uno esperaba su momento
para salmodiar *El libro de los muertos*.
María es ya para mí
como una sibila
a la cual tenuemente nos acercamos,
creyendo oír el centro de la tierra
y el cielo del empíreo,
que está más allá del cielo visible.
Vivirla, sentirla llegar como una nube,
es como tomar una copa de vino
y hundirnos en su légamo.
Ella todavía puede despedirse
abrazada con Araceli,
pero siempre retorna como una luz temblorosa.

Marzo y 1975

"¿Cómo decirle cómo?" –le pregunta y contesta María el 3 de junio (*Correspondencia*, Carta XXXIV, 182). La preciosa carta es digna del poema, entre La Habana que la añora y el caserío de La Piece, en las faldas de El Jura, donde la filósofa sobrevive porque su pobreza –no hay "pobreza irradiante", Lezama se equivoca– no le permite regresar a Roma o irse a París; donde su dignidad e ideario republicano todavía no la dejan regresar a España; porque Francisco Franco no morirá hasta el 20 de noviembre de ese mismo 1975.

Tal vez esa carta sea la mejor invitación a leer la correspondencia entre ellos. Comienza diciéndole a su par, al poeta cuyo saber analógico razona mejor que cualquier método causalista: "Le escribo en este viejo papel arrugado, pero de hermoso color porque lo he encontrado entre unos papeles míos de La Habana. O lo compré allí o allí llegó de Italia. Allí ha estado y se quedó suelto como en espera de dedicación. ¿Cómo decirle cómo? Me tranquiliza el saber que en esta transparencia en que estamos como vivientes la palabra comunicativa va dejando lugar y blancura a la palabra de comunión. Hace ya tiempo o siempre en lo que usted escribe sucede, va sucediendo sin anuncio, anuncio ella misma y su cumplimiento, identidad de promesa y ser, tal como lo vi en su persona –en su presencia– en la hora de conocernos aquella noche"... Más adelante recuerda: "Me dijo Ud. una tarde en el jardincillo a la puerta del Liceo, a la salida de una de mis innumerables conferencias: María, se le han puesto los ojos azules al hablar. Y Ud. no podía saber que toda mi vida quise tener los ojos azules. Y solamente usted los vio aquella tarde". Termina con la gratitud: "Y gracias por su vino y por

77

el légamo. Tuvo Ud. siempre la virtud de que los ínferos, lo de abajo, lo que queda, aparezca salvado sin dejar su ser. Dios se lo pague" (*Correspondencia*, Carta XXXIV, 182-4).

Una de las más intensas amistades entre dos escritores de diferentes sexos en el turbulento siglo XX, tiene en esta relación poema-carta no sólo la gracia de las miradas que se entrecruzan sin distancias físicas, sino los implícitos posibles cuando los referentes son casi los mismos, cuando las lecturas y reflexiones coinciden, cuando la filósofa sabe que el poeta sabe y coincide en la palabra como soplo, tributo al Espíritu Santo, a la heterodoxa catolicidad –sin beaterías ni sacristanes— donde navegan con el san Agustín de las *Confesiones*, con la zona no aristotélica de santo Tomás de Aquino –genio y erudito cuya cultura incluía los cauces neoplatónicos y el tránsito enriquecedor de la patrística a la escolástica--; con Dante en su ascenso hacia la Luz, pero *tras* el Infierno y el Purgatorio, es decir, tras la vida como experiencia compleja y contradictoria, pecaminosa.

La transparencia que el poema elogia en su destinataria no es la fría limpieza, casi siempre con su cuota de hipocresía, que suele pintarse en odas y ditirambos. Obsérvese que el *como* egipcio exalta el axioma esencial donde María Zambrano funda su sesgadura filosófica, para *desviarse* de su maestro José Ortega y Gasset. La analogía como principio del Verbo señala el mejor elogio a su interlocutora porque es el suyo propio. Es el modo de la metáfora y del lenguaje que leyeron y probablemente conversaron entre ellos, en la *Scienza nuova* (1725-44) de Giambattista Vico, libro que Lezama incluiría entre las lecturas clave de nuestro Curso Délfico.

Lezama reconoce en sus versos libres que María Zambrano ha sido su sibila, vino y légamo: profetisa de su quehacer poético. La sibila de Delfos desde la roca en que habita acaricia los gatos a los que la hermana de María, Araceli, y ella misma, eran tan aficionadas, hasta el punto de que dos o tres embarcaron con ellas en el carguero donde parten de La Habana hacia Roma, hasta haber causado casi que las desalojaran en Roma del departamento que alquilaban en la Piazza del Populo. Son los gatos del Egipto clásico, los zodiacales y los que siguen el *Ka*, en *El libro de los muertos*, texto también clave entre los que Editabunda aconseja en *Oppiano Licario*. Las referencias tributan al recorrer como a chispazos de nostalgia la vida de ella en La Habana, sobre todo entre los años finales de la década del 40 y 1954, cuando parte sin saber que no volvería a regresar. Baudelaire y su famoso soneto (Poema LXVI, *Las flores del mal*, 1857) los enlaza Lezama con las conferencias –que ella socráticamente llamaba "conversaciones"– sobre Husserl y Platón, entre la fenomenología que aprendiera de Ortega y Gasset y las preocupaciones existenciales que estudiara en *Ser y tiempo* de Martin Heidegger, tema del existencialismo no agnóstico que compartiera con su amigo José Gaos, traductor del filósofo alemán (*El ser y el tiempo*, México,1951), que también estuviera en La Habana por aquellos años, de visita como conferenciante, procedente de México, donde se había transterrado, donde alguna vez quiso, con la ayuda de Alfonso Reyes, que María se asentara.

El último verso del poema precisa cómo ambos creen en el eterno retorno, al igual que en los misterios eleusinos que conducen al cristianismo, "más allá del cielo visible". La ve retornar siempre –por supuesto que no sólo a Cuba, sino a la patria de la amistad que fundaron– "como una luz temblorosa". La luz de los místicos, que precede a la "nada". Y el "temblor" de la humildad, de lo frágil de la existencia cuya conciencia fortalece, convierte en roca sibilina el cada día al arrinconar las vanidades, ir al amor, a lo que ella llamase "razones del corazón", de profunda raíz cristiana que comparte con Lezama y otros escritores del grupo como Fina García Marruz.

Esencial para los deslindes de la poética del Grupo *Orígenes*, los años habaneros de María Zambrano dan el eco no sólo de los poetas católicos de la más importante constelación de escritores cubanos en la historia literaria del país, sino también –en el permisivo y plural ambiente que entonces forjaron– de aquellas voces que establecieron indivisiblemente el contrapunto, la disidencia, el amor-odio, como encarna genialmente Virgilio Piñera respecto de su indispensable y querido Lezama, según puede leerse –por ejemplo– en el poema que le dedicara a su muerte: "El hechizado" (*La Isla en peso*, 189). O desde la otra esquina, siempre permisiva, en los elogios que María Zambrano le otorga a los poemas de Virgilio en "La Cuba secreta", (*Orígenes*, 20, 1948. *Correspondencia*, 286-7).

Dos infiernos rechazaron siempre María y Lezama: El de las inquisiciones, totalitarismos y discriminaciones, que María padeció primero como exiliada de la destrozada República española; que ambos compartirían en los años estalinistas (1971-6) de la vida de Lezama y que los dos rechazaban en su trato diario con personas de ideas diferentes a las suyas. Y el infierno de la temporalidad como más fuerte que cualquier pérdida o carencia, sobre todo cuando lo proyectaban hacia el casi herético catolicismo que profesaban. De ahí la imago como fijeza, modo de detener el transcurrir, cristalizarlo, evitar la caída, como los pasos del mulo en el abismo. De ahí que María en "La Cuba secreta" elogie mucho el poema autobiográfico "Rapsodia para el mulo", de Lezama (*Orígenes*, 2, 1948. *Correspondencia*, 286).

Aún en los años en que sólo podemos conjeturar por qué interrumpieron el intercambio epistolar, entre 1959 y 1967, cuando la visita a Cuba del poeta y ensayista José Ángel Valente facilita la reanudación del diálogo, es fácil observar que se mantuvo la comunidad de ideales, como testifican las cartas que a partir de entonces se cruzan. Son coincidencias éticas y estéticas, filosóficas y religiosas, sin orden de importancia porque forman un todo encantado por la simpatía, la mutua atracción. Ella lo confesó sin falso pudor, sin imposturas sonrojadas: " La misma tarde que por primera vez puse el pie en La Habana, camino de Santiago de Chile y tras un largo y accidentadísimo periplo entre la vida y la muerte, encontré a José Lezama Lima, el año de 1936. Habíamos entrado en la ciudad por un mar que allí se hacía río, al pie de las casas, algunas espléndidas, nacidas del agua, y que luego se extendía en la inmensa bahía". Y cuenta entonces el encuentro: "Fue en una cena de acogida, más bien nacida que organizada, ofrecida por un grupo de intelectuales solidarios de nuestra causa en la guerra civil española. Se sentó a mi lado, a la derecha –¡recuerda medio siglo después!--

, un joven de grande aplomo y ¿por qué no decirlo? De una comedida belleza, que había leído algo de lo por mí publicado en la *Revista de Occidente*. No es cosa de transcribir aquí mi estado de ánimo en aquel momento. En esta sierpe de recuerdos, larga y apretada en mi memoria –María escribe esto cuando tenía 83 años--, surge aquel joven con tal fuerza que por momentos lo nadifica todo. Era José Lezama Lima. Su mirada, la intensidad de su presencia, su capacidad de atención, su honda cordialidad y medida, quiero decir comedimiento, se sobrepusieron a mi zozobra; su presencia, tan seriamente alegre, tan audazmente asentada en su propio destino, quizás me contagió" ("Breve testimonio de un encuentro inacabable", liminar a la edición crítica de *Paradiso*, Madrid, Archivum, 1988. *Correspondencia*. 308).

La contagió para siempre, podríamos decir ahora que recreamos su ejemplar amistad, la conexión –*rapport*-- que establecen, donde lo intuitivo, como en el acto poético sobre el cual Lezama escribiera más páginas que cualquier otro poeta de habla hispana en el pasado siglo, entroniza su forma de conocimiento como *visión*, *milagro*, relación de *El hombre y lo divino*, para homologar el breviario de ella que publicara el Fondo de Cultura Económica de México en 1955, cuyo ejemplar dedicado –quizás hoy perdido en los saqueados fondos de la Biblioteca Nacional José Martí-- Lezama me prestó en 1969.

La sacralización de la memoria, incluyendo la afectiva que tanto admiraron al leer a Proust, se proyectaba lógicamente hacia los poetas místicos, en especial hacia san Juan de la Cruz y el *Cántico espiritual*. Debe recordarse que en el salón de actos del Ateneo de La Habana, sentado discretamente pero con mayor atención que la mayoría, Lezama participó de la conferencia impartida por María, bajo el título "La mística realización de la vida personal", el 28 de mayo de 1948. También asistió a las dos siguientes: "San Juan de la Cruz: vida y camino, la noche oscura", el 4 de junio; y a la tercera: "San Juan de la Cruz: el *Cántico espiritual*", dictada el 12 de junio; como consignara Rafael Marquina en el diario *Información* (1 de junio de 1948, *El grupo Orígenes...* 10). La amorosa admiración de los dos al genial poeta también es estudiada por J. L. Arcos en su Introducción a la antología de textos de María sobre Cuba (*La Cuba secreta...*), entre otras referencias que comprueban la comunión con el místico, las lecturas de santa Teresa de Jesús por el grupo católico de *Orígenes*, entre el alba y la aurora –como diría Fina García Marruz.

El *sanjuanismo* es decisivo en la poética de Lezama, a él siempre vuelve a través del eros cognoscente, hacia el eros ascendente de la Luz divina. Sin que ello significara –salvo para burdas caricaturas de críticos maniqueos y sobre todo ignorantes– subestimar una conferencia de ella sobre Plotino, por sólo citar un ejemplo de la heterodoxia filosófica que los caracterizaba.

Cuarenta años de amistad se asentaron en los principios que ella expuso, parece que en 1940, cuando dicta un curso sobre los orígenes de la ética en el mismo Ateneo que años después la invitaría a hablar de la mística española. El destino de María y Lezama –como el de Antígona--, nunca pierde los fulgores órficos que se mueven del nacimiento hasta la destrucción, pero que no dejan de respirar hacia la resurrección en la que creen. Javier Fornieles señala con lucidez, refiriéndose a ambos escritores, que "La voz de Antígona o Job es la voz patética y ética del sentir original, una voz que se funde en el sentimiento de lo trágico y el goce de lo sublime" (*Correspondencia*, 59). Muy bien medita María la frase "católico órfico" en su liminar a *Paradiso* (*Correspondencia*, 310).

Tenían que ser los dos de recia estirpe para resistir, inquebrantables, las paulatinas certezas sobre sus respectivos países, los escepticismos ante los cambios sociales engañosamente luminosos y que no pasaron de ser fraudes. En una carta que me parece se cita y comenta por primera vez, porque a algunos les conviene mantener a Lezama en su casillero de la teleología insular y el culto ciego a José Martí, Lezama le confiesa a la exiliada su recelo ante los prontuarios sociales de entonces, que después él mismo padecería como insiliado, cuando la dictadura de los Castro lo condena al ostracismo.

Está fechada en febrero de 1954 y no puede ser más premonitoria de lo que le ocurriría, de ahí –me permito ser enfático-- el silencio que la ha rodeado. Dice: "A veces tengo la vivencia de su soledad. Otras, me parece adivinar que Ud. tendrá siempre los mejores amigos. De todos modos, su postura nos place: a falta de España, Roma o Cuba. Tres países a los cuales hay que ver con muchas reservas, pues no parece que en ellos se obligue o favorezca que el hombre alcance su plenitud, ofrezca la total alegría de su obra. El precisar por qué esos países se han ido convirtiendo en vivero de frustraciones, en impedimentos, en opacidades, en zonas muy difíciles para el tratamiento del hombre. Roma, por una invasión total de lo histórico, su sustancia ha sido totalmente ocupada por su aliento; España, por una no interpretación del azar concurrente, de esa gracia que lo histórico brinda para ser acogida por el sujeto creador. ¿Y nuestro país? Usted lo ha conocido y sufrido como pocos. No parece alzarse nunca a la recta interpretación, a la veracidad, todo para fruto de escamoteos, de sustituciones. Si los profetas le llamaban a Babilonia la gran prostituta, ¿cómo no llamarle a nuestra querida isla, la gran mentira? Se corrompe la palabra por un proceso de la humedad filtrándose, se corrompen las palabras apenas saltan de la voz al espacio entreabierto" (*Correspondencia*, 108).

Muy curioso resulta –nada es casual-- que la visión amarga y lúcida de Lezama coincida con la que ofreciera antes el más culturalmente representativo de los poemas cubanos del siglo XX, quizás hasta hoy: "La isla en peso" (1943), de Virgilio Piñera: "Las eternas historias de estas tierras paridoras de bufones y cotorras" (*La isla en peso*, 33). Los dos sufrirían el insilio, se sentirían extranjeros en su propia tierra, como María hasta su regreso a España, donde al menos tuvo la alegría, tardía, del reconocimiento, del Premio Cervantes en 1988 y de la Fundación que lleva su nombre en Málaga; tributos que Lezama y Virgilio no recibirían –astutamente manipulados por el oficialismo oportunista— hasta después de muertos.

La eticidad trágica paga un enorme precio por existir, como leyó María Zambrano en Spinoza, su tesis de doctorado

85

que nunca terminó. En "La Cuba secreta", ella lo había entrevisto: "La palabra poética es acción que libera al par las formas encerradas en el sueño de la materia y el soplo dormido en el corazón del hombre. No despierta el hombre en soledad, sino cuando su palabra despierta también la parcela de realidad que le ha sido concedida a su alma como patria" (*Correspondencia*, 285). Esas parcelas de realidad –únicas patrias tangibles— unieron a María Zambrano con José Lezama Lima. Los unieron para siempre jamás en la palabra poética.

Bibliografía citada:

Fornieles, Javier. *Correspondencia. José Lezama Lima-María Zambrano. María Zambrano-María Luisa Bautista*. Ediciones Espuela de Plata, Sevilla, 2006.

Gutiérrez Coto, Amauri. *El Grupo Orígenes de Lezama Lima o el infierno de la trascendencia*. Ed. Legados, España, 2012.

Lezama Lima, José. *Paradiso*. Edición crítica, Madrid, Colección Archivos, UNESCO, 1988.

Lezama Lima, José. *Confluencias*. Ed. Confluencias, Almería, España, 2010. Esta es la más reciente edición del célebre ensayo, que pronto aparecerá en la edición crítica de todos sus ensayos, que prepara la misma editorial.

Piñera, Virgilio. *Obras completas. La isla en peso*. Notas prologales de Antón Arrufat. Edición del Centenario. Ed. Unión, La Habana, Primera edición 1998. Cito por la de 2011.

Prats Sariol, José. *Lezama Lima o el azar concurrente*. Ed. Confluencias, Almería, España, 2010. "El Curso Délfico", pp. 17-69.

Zambrano, María. *La Cuba secreta y otros ensayos*. Introducción y selección de Jorge Luis Arcos, Ed. Endymión, Madrid, 1996.

Zambrano, María. *El hombre y lo divino*. FCE, México, 1955.

Florida International University (FIU), Congreso, 2014.

UNA LECTURA DE LA REBELIÓN DE LAS MASAS

> *Yo desconfío del amor de un hombre a su amigo o a su bandera cuando no le veo esforzarse en comprender al enemigo o a la bandera hostil (...) Toda ética que ordene la reclusión perpetua de nuestro albedrío dentro de un sistema cerrado de valoraciones es ipso facto perversa.*
>
> José Ortega y Gasset, **Meditaciones del Quijote**, I.

El *Efecto 2000* en Cuba se llama pluralismo. Desde ese lugar común que no acaba de ser común propongo una lectura de *La rebelión de las masas*. Aquellos presentimientos de 1926 encarnan hoy con brutal evidencia en la desgajada realidad espiritual y material que sufrimos en mi país. Las bondades del diálogo que José Ortega y Gasset siempre defendió son ajenas a los anacrónicos fanatismos polarizados —*diasporizados*— en los que Cuba chapotea ahora mismo. Esta reflexión crítica del clarividente texto supone tolerancia, deja que las esperanzas continúen revoloteando como en unos versos de Gastón Baquero:

> *Eso,*
> *Eso es la esperanza,*
> *La esperanza es*
> *Un pavo real disecado que canta incesante en el*

Hombro de Neptuno.[1]

Dos premisas, lamentablemente, modulan la aproximación: el cansancio y el miedo. Del primero basta con releer las exactas páginas de Octavio Paz cuando el Caso Padilla, recogidas después en *El ogro filántropico*[2]. Sobre ellas han pasado treinta largos años. El tema cubano ha envejecido junto a su caudillo inmarcesible. La opinión pública mundial, empezando por la nuestra, está aburrida del rizoma, de la anacrónica protuberancia que aún sobrevive en el Caribe. Del miedo baste pensar en la Ley 88 aprobada en febrero de 1999, popularmente conocida como Ley Mordaza. O en el chantaje permanente implícito en consignas como "Socialismo o muerte". Los matices del desentendimiento por saturación y del temblor por obstinación cubren estas cuartillas, matizan de subjetividad —¿falsa conciencia?— las apreciaciones sobre el texto orteguiano. Cualquier recepción cubana de *La rebelión de las masas* —según nos enseña Wolfgang Iser en *El acto de leer*[3]— padece hoy de una interpretación trans-terrada, pues con independencia de que provenga del insilio (en-terrados) o del exilio (des-terrados), enferma tanto al *efecto* como al *sentido* que el visionario texto del filósofo madrileño produce.

---

[1] Gastón Baquero: **Magias e invenciones**, Ed. Cultura Hispánica, Instituto de Cooperación Iberoamericana, Madrid, 1984, "La esperanza", p.40.

[2] Octavio Paz: **El ogro filantrópico**, Ed. Joaquín Mortiz S.A., México D.F., 1979, pp. 239-40.

[3] Wolfgang Iser: **The act of reading: A theory of aesthetic response**, John Hopkins University Press, Baltimore, 1978. Pássim.

La advertencia, sin embargo, no invalida del todo el entendimiento, aunque lo contextualiza de forma muy peculiar, anormal. El propio Ortega advertía: "Sorprenderse, extrañarse, es comenzar a entender"[1]. Y la pregunta es obvia: ¿Por qué un escritor cubano entra al 2000 reviviendo, precisamente, este y no otro texto de filosofía social? La primera fase de la respuesta quizás esté en el mismo volumen objeto de meditaciones, cuando aconseja que el hombre perspicaz "se sorprende a sí mismo a dos dedos de ser tonto; por ello hace un esfuerzo para escapar de la inminente tontería, y en ese esfuerzo consiste la inteligencia"[2]. La sencilla aspiración a "comenzar a entender" y a un poco de "inteligencia" suscita la justificación, alimenta la "sorpresa" porque enfatiza una de las convicciones más íntimas de Ortega: "Civilización es, antes que nada, voluntad de convivencia"[3] —quizás la más necesaria para los cubanos honrados, crean y piensen lo que deseen y puedan, vivan donde hayan decidido o conseguido...

¿Acaso no afirmaba Ortega en su primer artículo publicado en el periódico *El Sol* algo muy válido también para cualquier cubano: "Todo español está muy especialmente obligado a ser mañana más inteligente que hoy, a avergonzarse de sus prejuicios, de su tópicos, de sus cegueras, de sus angosturas mentales. Si no nos determinamos a dar

---

[1] José Ortega y Gasset: **La rebelión de las masas**, Ed. Revista de Occidente, Madrid, 30ª. Edición, 1956, p.51.

[2] Ibídem, p.116.

[3] Ibídem, p. 124.

mayor finura, mayor evidencia y concreción, mayor elegancia a nuestro pensamiento, todo será en vano"[1]?

La diáfana admiración hacia aquel *espectador*[2] excepcional tiene en el libro que desempolvamos una carga de cotidiano desafío que lejos de trivializarse se ha densificado. La obsesión por "saber pensar" no puede ser más pertinente para cualquier mente que aspire a un poco de libertad y más impertinente para los que necesitan que un partido político regido por el más piramidal centralismo, un prontuario ideológico que no se avergüenza de la contradicción entre su triunfalismo de oratoria demagógica y la terca realidad de su derrota, y sobre todo un Señor Presidente con poderes omnímodos, les ahorre razonamientos fenomenológicos, decisiones individuales, responsabilidades morales. Allí Ortega quiso que cada persona fuese "un horizonte siempre abierto a toda posibilidad"[3]. Allí supo recalcar que "Disociar ideas cuesta mucho más que asociarlas"[4]. Y reconocer "esa extraña dualidad de prepotencia e inseguridad que anida en el alma contemporánea"[5].

Una de las versiones cubanas de las tres frases preguntaría sí es posible una apertura desde el escaso horizonte que

---

[1] José Ortega y Gasset: en *El Sol*, 7-XII-1917. Cf. **Obras completas**, Ed. Revista de Occidente, Madrid, T. X, 1967, p. 368.

[2] Aludo a su revista. Véanse los ocho tomos donde se recogen los números —casi siempre bimestrales— de **El Espectador** (1916-34). Cf. Nota 7.

[3] Op. Cit. Nota 4, p. 76.

[4] Ibídem. P.86.

[5] Ibídem. P. 88.

los restos del marxismo-leninismo ofrecen, si los intentos de asociar ideas son factibles bajo una burda censura de prensa y un sistema educacional donde los niños deletrean consignas y los jóvenes recitan discursos para conseguir el ingreso a la universidad, si la dualidad entre afán de mando y fragilidad espiritual puede armonizarse bajo un empleador que se identifica con la patria, que *es* la patria. Otra versión la resume una pregunta de respuesta implícita: ¿Cuál horizonte de pluralidad asociativa puede delinearse en un país donde el argot militar aparece hasta en la formación de médicos y deportistas, valle-tómanos y filólogos? Una tercera versión pondría entre paréntesis el tan trajinado sustantivo *Socialismo*, para ver mejor cómo la demagogia encubre el falso igualitarismo y las no me-nos hipócritas discriminaciones raciales, sexuales, territoriales; la indefensión económica y las muy socorridas morales dobles. Parece evidente que abrirse a cualquier posibilidad —la porosidad espiritual—, asociar ideas —por muy contradictorias que parezcan— y luchar contra la prepotencia y la inseguridad, exigen una sociedad civil y un estado de derecho que aún son una especie de catauro de espejismos, aunque no los dejamos de identificar, con la ayuda —entre otros— de Ciorán[1].

---

[1] En su "Ensayo sobre el pensamiento reaccionario (A propósito de Joseph de Maistre) Ciorán afirma: "La mente se despierta en contacto con el desorden y la injusticia: lo que se encuentra 'en su lugar', lo natural, deja al espíritu indiferente, lo adormece, mientras que la frustración y la privación le convienen y estimulan" (En **Ejercicios de admiración y otros textos**, TusQuets Editores, Barcelona, 1992, p. 16).

Es verdad que a veces molesta en el estilo de Ortega lo que Jorge Luis Borges le criticara de abuso de silogismos y lógica, de no resignarse "a exornar sus razones con inconvenientes y superficiales metáforas"[1] —como el "anida en el alma" que cité. También que en el texto que nos provoca hay —como en toda su obra— algunas zonas de silencio o presumiblemente erradas. No son menos obvias las intertextualidades germanas y las disidencias derivadas de su curioso sincretismo filosófico. Pero en todos los casos —incluso en las calumnias que sufrió tras su regreso a la España de Franco— hay consenso en que estamos ante el mayor filósofo de habla hispana, en la inmensa capacidad de motivación que logró desplegar dentro de las turbulencias y fanatismos que le rodearon.

Indemne a las espirales del tiempo permanece su oscilación dialéctica—presocrática y platónica— entre circunstancia y decisión. Matizada por el motivo temático, su marca siempre se encontrará en los desasosiegos ante las encrucijadas. Decidir, ejercer la condición de ser humano, es su exigencia de cada instante contra los fatalismos y determinismos, contra los hijos filosóficos de Darwin. Para ello, por supuesto, es imprescindible averiguar. Una constante indagación, sin premisas inamovibles, tal vez sea el único determinismo de su pensar. De ahí que Ortega, en consecuencia, nunca haya podido adscribirse a ninguna tendencia rígida, a ningún pensamiento alienante. Ello hubiese hipotecado su más precia-

---

[1] Jorge Luis Borges: "Notas de un mal lector", en la revista **Ciclón**, La Habana, Vol. 2, No. 1, enero, 1956, p.28.

da cualidad: la capacidad de indagar en convivencia civilizada, de optar después sin rehuir rectificaciones, cambios, opciones inéditas.

Tal moraleja, dispersa y unida en su obra toda, tuvo la brillantez —llena de discípulos— de inaugurar un género hoy común, una novedosa forma del ensayo. Como resume Evelyne López Campillo: "Lo característico de todos estos ensayos es ser investigaciones conceptuales, a igual distancia del artículo erudito y del artículo de divulgación, y utilizar en sus demostraciones unos argumentos que pertenecen tanto al dominio de la sociología o de la filosofía, como al de la historia o de la psicología, sin renunciar (...) a utilizar medios propiamente literarios (creación de situaciones, paisajes, personajes, o sea, elementos no conceptuales)"[1]. Es el autor madrileño quien aligera y profundiza la prosa reflexiva de habla castellana en el siglo XX, hasta que los grandes prosistas latinoamericanos la conduzcan —desde Alfonso Reyes— a la maestría que exhibe. En tal empeño él consiguió casi siempre una voz inédita, una sorpresa expresiva que obviamente se traduce en sorpresas mentales. No es casual que en su *Revista de Occidente* esa modalidad del ensayo se reserve la primacía, irradie hacia el idioma la mejor de las influencias. Y claro, al irrumpir en el espeso ambiente cultural de su época recibió enseguida los ataques de los prosistas crípticos, de los aburridos de siempre. Da gusto contrastar su estilete con los mellados cuchillos con que por lo general castigan el idioma los escasos intelectuales

---

[1] Evelyne López Campillo: **La Revista de Occidente y la formación de minorías** (1923-1936), Ed. Taurus, Madrid, 1972, p.81.

cubanos que aún permanecen fieles al marxismo-leninismo — Marx es otra cosa— o al martianismo —Martí es otra cosa—, a la manipulación justificadora de los desastres anímicos que sufrimos.

Para Ortega el empeño por hacer pensar era empeñarse y despeñarse contra las formas de represión que aplastan el intelecto con premisas mecanicistas y conclusiones fatalistas, con mesianismos y demagogias. Su exacta ironía recuerda que "la etimología de mandar significa cargar, ponerle a uno algo en las manos", para enseguida comentar: "El que manda es, sin remisión, cargante"[1]. Por ello mismo se asusta y repele los poderes desmedidos del Estado. Afirma: "El Estado ha sido siempre el gran truchimán"[2].

Esta apreciación no puede soslayar la señal, el aviso premonitorio: "Lo que más he echado de menos, con respecto a España, ha sido algún gesto de gracia generosa, que es, a mi juicio, lo más estimable que hay en el mundo"[3]. Son precisamente unas gotas de "gracia generosa" las que más necesita mi país contra la perpetuación orweliana de los antiguos (1959-1968) revolucionarios y contra el anexionismo de los restauradores, contra las cuarentonas virulencias que impiden una transición pacífica a un Estado de Derecho, bajo el chantaje de que se avizora como nepotista y corrompida de un lado —como en Rusia—; y neoliberal y anexionista del otro.

---

[1] Op. Cit. Nota 4, p. 200.

[2] Ibídem. p. 234.

[3] Ibídem. p. 270.

Nada ajeno fue Ortega a los daños del fanatismo: "Ya es irritante que el prójimo pretenda intervenir en nuestra vida, pero si además revela ignorar por completo nuestra vida, su audacia provoca en nosotros frenesí"[1]. Si ese respeto a lo diferente es condición básica de la convivencia, también lo es la eliminación de las injerencias de unos países en otros, como viene sucediendo con los Estados Unidos de Norteamérica respecto de Cuba, para suerte de los que necesitan la existencia de un enemigo poderoso que mantenga el embargo o bloqueo. "Sostengo que la injerencia de la opinión pública de unos países en la vida de otros es un factor impertinente, venenoso y generador de pasiones bélicas"[2] —afirmaba Ortega, porque bien supo adelantarse a la Guerra Civil de su patria, a la Segunda Guerra Mundial, a la Guerra Fría, a los conflictos interétnicos y nacionalistas, a la extemporánea sobrevivencia del rizoma cubano...

En *La rebelión de las masas* reconozco la noción de provisoriedad. Allí se entrelaza a ese sentido que toma de Husserl —fenomenología como hermenéutica— su heterodoxa "razón vital" que sabe priorizar instante e individuo. Quizás a veces el tono puede resultar expeditivo o exagerado, pero su paseo por el perspectivismo exalta la independencia. Allí comparto su esperanza en una verdadera democratización de la vida porque sabe enseñarnos cuánto daño puede producir la entronización del hombre-masa, de la masa amorfa, conducible a cualquier sitio, situación, creencia.

---

[1] Ibídem. p. 308.

[2] Ibídem. p. 305.

No he podido verificar aún en la Biblioteca Cantonal de Zürich si Elías Canetti leyó a Ortega. Me parece, sin embargo, que mucho hubiese disfrutado —¿disfrutó?— *La rebelión de las masas*. Aunque no aparece en la bibliografía de *Masa y Poder*[1] —dice que no se trata de una "enumeración exhaustiva"— podía haber incluido dentro del acápite de "Masas festivas" los hechos del pueblo de Níjar, cerca de Almería, donde en 1759 se proclamó rey a Carlos III; y que Ortega refiere hasta la destrucción de la villa por el desenfreno alegre de sus moradores, hasta la aniquilación de los bienes por la compulsión de la masa, deslumbrada por la presencia del Poder absoluto, casi divino.

Las críticas de Ortega contra los líderes o grupúsculos que convierten al hombre en masa —esa vacía noción de "pueblo"— denuncia la perversión de diluir al hombre dentro de una muchedumbre esclavizable. Lo que a esas élites detentadoras del Poder les irrrita son las advertencias suyas: "Quien no sea como todo el mundo, quien no piense como todo el mundo, corre el riesgo de ser eliminado. Y claro está que ese todo el mundo no es todo el mundo"[2].

Su repudio de la masa defiende al hombre activo frente al hombre reactivo. Y vislumbra la caída de los totalitarismos: "Uno y otro —bolchevismo y fascismo— son dos seudoalboradas; no traen la mañana de mañana, sino la de un arcaico día, ya usado una o muchas veces; son primitivismo"[3]. Conocedor

---

[1] Elías Canetti, **Masa y Poder**, Muchnick Editores, España, 3ª. Ed. 1981.

[2] Op. Cit. Nota 4, p.58.

[3] Ibídem. p. 146.

de su especie, de la tendencia al menor esfuerzo, arremete contra los que prefieren que su existencia transcurra "bajo la autoridad absoluta a un régimen de discusión"[1].

Para la Cuba tironeada por las aberraciones políticas ortopédicas —sobre todo dentro de los nacidos antes de 1959— tiene perfecta vigencia, desgraciadamente, aquel deslinde de hace setenta y cuatro años: "Ser de izquierda es, como ser de la derecha, una de las infinitas maneras que el hombre puede elegir para ser un imbécil; ambas, en efecto, son formas de la hemiplejia moral"[2]. Pero la imprescindible necesidad de transformar nuestro lenguaje político cuenta con una vanguardia de intelectuales no hemipléjicos dentro y fuera del país, para los que la prehistoria jacobina va desmoronándose[3]. Bien famélicas serían las reflexiones cubanas sobre filosofía social si continuaran aferradas a nomenclaturas obsoletas. Como supo prever Octavio Paz[4], la recepción de Ortega jerarquiza la apreciación ética y ontológica sobre la economía y sociología unidimensionales.

---

[1] Ibídem. p. 153.

[2] Ibídem. p.30.

[3] Cf. por ejemplo: Rafael Rojas: **El arte de la espera**. *Notas al margen de la política cubana*. Ed. Colibrí, Madrid, 1998. O Iván de la Nuez: **La balsa perpetua**. *Soledad y conexiones de la cultura cubana*. Ed. Casiopea, Barcelona, 1998. O dentro de la isla los ensayos de Emilio Ichikawa o de Antonio José Ponte... Todos autores nacidos después de 1959 (De Playa Girón, de la Crisis de Octubre, de las polarizaciones) que se han unido a los más lúcidos de generaciones anteriores.

[4] Octavio Paz: "José Ortega y Gasset: el cómo y el para qué", en **Hombres en su siglo**, Ed. Seix Barral, Argentina, 1984, p. 97 y ss.

Parece evidente que nuestros proyectos de cambios para los cuatro poderes —ejecutivo, legislativo, judicial y de prensa— no pueden sustentarse más en el cielo ideológico y el unipartidismo político. Hay consenso —retrógrados y oportunistas aparte— en que para solucionar nuestros problemas se necesita honradez y permeabilidad contra las variadas y sutiles, cuando no brutales, formas de represión; y contra los tan fértiles campos de cultivo de la corrupción, mientras se va arrinconando la cultura de la queja, de la culpa ajena o heredada.

Explícita en el discurso de Ortega está la idea de que la historia no se construye. El fin de la concepción hegeliana de la historia fue prevista por el autor de *España invertebrada*. Las más válidas ideas sobre el ambiguo y polémico estadio posmoderno reconocen que el afán de futuro sólo ha conseguido aumentar la ansiedad, la rápida angustia hacia ninguna parte. Por ello Ortega se lamentaba: "Con más medios, más saber, más técnicas que nunca, resulta que el mundo actual va como el más desdichado que haya habido: puramente a la deriva"[1]. Pero antes de plantearnos en Cuba esa "deriva" debemos soltar amarras, salir a navegar. Tan sencillo.

Hombre que nunca confió demasiado en el poder de la palabra, que sabía cuánto de operación ilusoria hay en ella, supo defenderse contra la petulancia y el desánimo, cuidarse de las profecía y de los nihilismos, y a fin de viaje conocerse, simultáneamente, entre el ir y el llegar, en cambio constante. Eso es también lo que pide a las naciones, que sepan hacerse, deshacerse y rehacerse. El mismo sentido de autoperfección

---

[1] Op. Cit. Nota 4, p. 88.

permanente lo lleva a repudiar los modos del envilecimiento individual y colectivo. "Aguantar es envilecerse"[1] —afirma. Y la apreciación cubana recibe el amargo sabor de lo que hemos aguantado, ilusionados o encanallados.

Claro que algunos tópicos de *La rebelión de las masas* son muy discutibles, como cuando cierto eurocentrismo le hace burlarse de las naciones jóvenes. Es falso, por ejemplo, que "quien prefiera no exagerar tiene que callarse, más aún: tiene que paralizar su intelecto y ver la manera de idiotizarse"[2]. También cierto olor a gerontología cuando repudia la exaltación de la juventud, pues parece más sano para cualquier sociedad propiciar el relevo, que los viejos no se perpetúen en ningún poder. Es un disparate decir que "en los trópicos, el animal-hombre degenera, y viceversa, las razas inferiores —por ejemplo los pigmeos— han sido empujadas hacia los trópicos por razas nacidas después que ellas y superiores en la escala de la evolución"[3]. A veces da la impresión de que se trata de otro autor...

También por este diálogo crítico se revive la actitud que Ortega centrara en Posidonio, el maestro de Cicerón propenso las *Letras libres*[4]. Tal es el mejor homenaje a su independencia

---

[1] Ibídem. p. 210.

[2] Ibídem. p. 195.

[3] Ibídem. p. 154.

[4] En las palabras inaugurales de **Letras Libres** Enrique Krauze afirma: "En **Letras Libres** ejerceremos la crítica (y la autocrítica) cultural, literaria y política sin complacencias: fundamentada, imaginativa, razonada" (No. 1, enero, 1999)

intelectual, a su condición de escritor sin mandato porque "dialogar es sentirse dos y palpar con nuestro perfil el perfil diferente del alma ajena" pues debemos "conversar alegremente, cultivando un sabroso desacuerdo"[1]. Entre acuerdos y desacuerdos —como debe de ser— mi lectura desea resaltar lo que Cuantero —editorialista del diario *ABC* en los años veinte— caracterizara al llamarlo "sofista", es decir: "en el más estricto, primitivo y noble sentido de la palabra: domador de ideas"[2].

Sólo un verdadero domador de ideas, severo ante sí mismo, pudo afirmar en 1926: "La fe en la cultura moderna era triste: era saber que mañana iba a ser en todo lo esencial igual a hoy, que el progreso consistiría sólo en avanzar por todos los siempres sobre un camino idéntico al que ya estaba bajo nuestros pies. Un camino así es más bien una prisión que, elástica, se alarga sin libertarnos"[3]. Las controversias que aquí en Cuba se produjeron hace unos años entre el predominio o no en nuestra historia de la racionalidad moral emancipatoria sobre la racionalidad moral instrumental[4], pasaron por alto entonces —no creo que ahora Rafael Rojas lo vea del mismo

---

[1] José Ortega y Gasset: "Diálogos superfluos", en **El Sol** (26, VI, 18). Cf. Gonzalo Redondo: **Las empresas políticas de José Ortega y Gasset**, Ed. Rialp, Madrid, 1970, T. I.

[2] Cf. Gonzalo Redondo, Op. Cit. T. I, p. 172.

[3] Op. Cit. Nota 4, p. 75. Debo recordar que **La rebelión de las masas** apareció primero por entregas en el diario **El Sol**, en 1926.

[4] Cf. Rafael Rojas: "La otra moral de la teleología cubana" versus Cintio Vitier: "Comentarios a dos ensayos sobre axiología cubana". En la revista **Casa**, La Habana, No. 194, enero.marzo, 1994. p. 85 y ss. y p. 96 y ss.

modo— que en realidad lo que debiera haberse analizado sin bovarismos, para desgracia del país, es si ha prevalecido la racionalidad amoral totalitaria, alargándose "sin libertarnos".

Si estamos de acuerdo con Ortega en que "la idea es un jaque a la verdad"[1], el verdadero jaque cubano es a la idea ilusoria de que el "socialismo" que padecemos es el menos malo de los mundos posibles en América Latina. "Este es el mayor peligro que hoy amenaza a la civilización: la estatificación de la vida, el intervencionismo del Estado, la absorción de toda espontaneidad social por el estado"[2] —dice Ortega. Y claro que la conciencia de este peligro, el tenerlo no como amenaza o recuerdo sino como realidad cotidiana, empobrecedora, hace brotar infinidad de incertidumbres a responder sentados, recordando a la vez lo que Talleyrand le susurrara a Napoleón de que sobre las bayonetas se puede hacer cualquier cosa, menos sentarse sobre ellas.

"Se probó el odio, y los países venían cada año a menos" —afirmaba José Martí[3]. Y en efecto, los odios son los que debemos conjurar en la Cuba actual bajo las señales de que sólo una ridícula minoría se mantiene aferrada al fundamentalismo revolucionario y contrarrevolucionario, al pasado que entre otras paradojas nos ha hecho más dependientes que nunca antes en nuestra historia de los Estados Unidos de Norteamérica, que nos transformó de sueño indiano en pesadilla

---

[1] Op. Cit. Nota 4, p. 119.

[2] Ibídem. p. 179

[3] José Martí: **Nuestra América**, Ed. Centro de Estudios Martianos, La Habana, 1991.

aldeana y aún regala la victoria al subdesarrollo. Para ello José Ortega y Gasset ofrece la dulce utilidad de su pensar sin orejeras, del discernir sin haraganerías. Exaltar críticamente la razón vital y el perspectivismo, la búsqueda desprejuiciada y el hombre que se resiste a ser masa, la voluntad de convivencia y la ilusión de comunicarnos, es favorecer la democracia que anhelamos. Hago mías, en consecuencia, las palabras de José Lezama Lima cuando se entera de su fallecimiento: "A su espíritu de fineza, a la noble voracidad de su fervor humanístico, a la rectitud de su señorío, a la sobriedad de su muerte, el homenaje, un angustioso detenernos en la marcha de los que trabajamos en *Orígenes*"[1].

Creo que pensar la Cuba del nuevo milenio pudiera comenzar por una certeza que Ortega nos legara, la convicción de que "Estas son las únicas ideas verdaderas: las ideas de los náufragos. Lo demás es retórica, postura, íntima farsa. El que no se siente de verdad perdido, se pierde inexorablemente; es decir, no se encuentra jamás, no topa nunca con la propia realidad"[2]. Desde el naufragio cubano el reto se abre a nosotros, los perdidos.

En La Habana, enero y 2000

---

[1] José Lezama Lima: "En la muerte de José Ortega y Gasset", revista **Orígenes**, La Habana, 1956, No. 40.

[2] Op. Cit. Nota 4, p. 225.

LA COMPLACENCIA TRASCENDENTE
José Ortega y Gasset en José Lezama Lima

La cultura cubana recibe la noticia de la muerte de José Ortega y Gasset, el 18 de octubre de 1955, con una polémica recepción del acontecimiento que involucra a los más destacados intelectuales de la época. Cuando se revisa nuestra bibliografía sobre el filósofo madrileño —parcialmente preparada por Tomás González Robaina— se arriba a una certeza plausible: las profundas y complejas repercusiones de su obra, revista y trabajo editorial a partir de la segunda década del siglo XX. También es posible comprender el lamentable vacío que ocurre entre finales de los sesenta y los ochenta. Y asimismo, lo más importante, cómo se está produciendo una nueva lectura, por supuesto que crítica, de su fecundo ideario. Las cuartillas subsiguientes sobre las presencias del filósofo madrileño en José Lezama Lima creo que dan sobrada fe de tal renovación de las ideas en nuestro archipiélago supersincrético, donde la Corriente del Golfo casi siempre ha sabido favorecer el pensamiento flexible, la porosidad exegética, las hermenéuticas pluralistas.

Tres afirmaciones del párrafo precedente exigen argumentaciones. La primera atañe a las resonancias causadas cuando muere. Baste recordar, en tal sentido, el excelente número monográfico que le dedicara la *Revista Cubana de Filosofía* en 1956, donde aparecen trece textos, firmados, entre otros, por su director, Humberto Piñera Llera, autor también del editorial, donde se lamenta de que no se le otorgara el

Premio Nobel y dice que "...le cupo el singularísimo destino de reunir en su poderosa personalidad las condiciones capaces de provocar tanto el elogio admirativo como el recelo mortificante". O añadir que Gastón Baquero le dedica nada menos que cinco artículos, cuatro en el *Diario de la Marina* y uno en *Carteles*; que intelectuales de la talla de Alejo Carpentier, Jorge Mañach (Que entonces polemizara con Raúl Roa en las páginas de la revista *Bohemia*), Félix Lizaso, Juan J. Remos y Medardo Vitier no pasaron por alto su desaparición. Las páginas de Lezama, que más adelante comentaremos, refuerzan mi aseveración de cuán al tanto de su obra estaba la élite cultural cubana de entonces.

De las tempranas recepciones, segunda afirmación, puede dar testimonio sencillo y admirativo el artículo de José María Salaverría, "José Ortega y Gasset", publicado el 31 de enero de 1923 en un pueblo incrustado en el Golfo de Guacanayabo, Manzanillo, donde Juan Francisco Sariol daba un ejemplo fundacional con su revista *Orto*. También, entre otros, puede recordarse que un año antes, en 1922, la habanera revista *Social* incluía en su número de marzo el artículo "Crónica de España", bajo la firma de un mexicano universal, Alfonso Reyes. Cuando aún José Lezama Lima estudiaba en el Colegio Mimó, Emilio Roig de Leuchsenring publicaba en *Social* (Octubre de 1925) una reseña: "El *Espectador* de Ortega y Gasset". Cuando el futuro autor de *Paradiso* andaba sus dieciocho años por los alrededores del Paseo del Prado, Rafael Suárez Solís publica en *Revista de Avance* su ensayo "Ortega y Gasset, gitano"...

Mi tercera certeza, la de que asistimos a una nueva lectura del raciovitalismo como parte de la saludable renovación filosófica que ha dejado en las vitrinas utópicas —angelicales e infernales— los sistemas cerrados de la modernidad, tiene su mejor prueba en la neofenomenología que emerge como alternativa en la Alemania de Edmund Husserl y en la España de Ortega y Gasset, que va dejando sus huellas en jóvenes pensadores cubanos como Emilio Ichikawa, Iván de la Nuez, Rafael Rojas... El filósofo español Javier San Martín exalta cómo la jerarquización del individuo y del instante, de la vida humana como única realidad radical, de hecho es un inexcusable antecedente de la superación de la Edad Moderna. Dice: "No es una posmodernidad que haga tabla rasa de los logros de la modernidad; ni la ciencia ni la cultura pueden ser abolidas, sólo deben ser puestas al servicio del hombre, pero no al servicio de un hombre abstracto". Y precisa: "Eso es lo que Ortega vio en Alemania, un último intento de reconstruir una razón vital, es decir, una razón no desligada de la vida concreta de los individuos, una razón que podía servir para revitalizar Europa y ahuyentar los terremotos políticos que se avecinaban". El filósofo alemán Gerard Funke, en su generoso homenaje a Wilhelm Szilasi, afirma: "La fenomenología de Husserl, que representa uno de los movimientos intelectuales más fecundos y trascendentes del siglo XX, ha hecho posibles muchas variedades de investigación filosófica". Entre ellas nombra la hermenéutica fenomenológica de Martin Heidegger, cuya influencia en el sistema poético lezamiano, en su jerarquización de lo imaginario y de la intuición, es evidente. Mucho más evidente cuando apreciamos cómo la circulación en Cuba de la *Revista de Occidente* y de los libros de la editorial homónima, como los de Espasa (Después Espasa-Calpe), asesorada por Ortega, lograban cualificar las lecturas y las reflexiones de la intelectualidad nacional.

Los tomos de la *Biblioteca de Ideas del Siglo XX*, entre ellos *La decadencia de Occidente* de Oswald Spengler, en su primera traducción fuera de la edición alemana de 1918, realizada por Manuel G. Morente, forma colas en la Librería Martí, sita en O'Reilly 413, donde Lezama tendrá cuenta abierta, que irá pagando mensualmente con grandes sacrificios. Sobre los objetivos de esta colección Ortega señala: "En ella reúno las obras más características del tiempo nuevo, donde principian su vida pensamientos antes no pensados. Desde la matemática a la estética y la historia, procurará esta colección mostrar el nuevo espíritu labrando su miel futura sobre toda la flora intelectual".

Vale recordar que Lezama, nacido en 1910, tenía sólo trece años cuando aparece el primer número de la *Revista de Occidente* en 1923. Pero cuando sale el último número de su primera etapa, nada menos que el 157, en julio de 1936, el poeta cubano tiene veintiseis años. Es decir, en correspondencia con su voracidad lectora, que al menos debemos suponerle un contacto con la mejor revista del idioma de al menos seis u ocho años, sin excluir la posibilidad de que algún coleccionista le brindara acceso a los números precedentes, además de todo lo que pudo observar de su beneficiosa influencia en las revistas cubanas de entonces, como *Revista Cubana, Revista Bimestre Cubana, La Nueva Escuela* y la esencial (1927-1930) *Revista de Avance*. El futuro fundador de *Verbum, Espuela de Plata* y *Nadie Parecía*, esfuerzo que culminará en los cuarenta números de la sin par *Orígenes* (1944-1956), mucho aprendió lo que era necesario hacer en las páginas que llegaban de Madrid y que seguramente buscaba, ávido de estar al día, en las librerías habaneras.

Además de los libros, cuya recepción merece un estudio aparte, baste enumerar algunos de los textos aparecidos en *Revista de Occidente* a partir de que Lezama cumpliera veinte años, el 19 de diciembre de 1930. Un golpe de vista que comenzara en el número 91 de enero de 1931 encuentra nada menos que la primera traducción al castellano de "La vida de San Agustín" de su discípulo Possidius. Tal rareza bibliográfica, a las que Lezama siempre fue muy aficionado, según von Harnack es "la biografía más pura y digna de mérito". En ese mismo número aparecen unos poemas inéditos de Federico García Lorca. En el próximo, el de febrero del 31, se juntan Aldous Huxley con el ensayo "La vulgaridad de la literatura", y Virginia Woolf con "El tiempo pasa". Así podría irse saltando de número en número sin dejar de hallar en cada uno de ellos algún texto perturbador, incitante. Junto a los excelentes ensayos y reseñas de Antonio Malichalar, Lezama pudo incorporar las herramientas para la crítica de arte que le ofrecía Eugenio D'Ors, disfrutar la prosa de Antonio Machado o leer en enero de 1932 la primera colaboración (serán nada menos que diecisiete) de Lino Novas Calvo en la revista, su cuento "La luna de los ñañigos"...

Cuando puntualizamos los valores de la revista *Orígenes* tenemos que reconocer cuánto les debieron a los de su hermana mayor, a los de *Revista de Occidente*. Desde ese vínculo puede apreciarse mejor la representatividad histórico-cultural, la integralidad literaria y artística, la ruptura del fatalismo generacional, la comtemporaneidad universal, la potenciación de los estudios cubanos, la solidaridad latinoamericana y la diversidad afirmativa. Son las ciencias puras, como la matemática, y la filosofía, las zonas donde Lezama y Rodríguez Feo consiguen menos colaboraciones. Pero lo indiscutible es que después del ejemplo de Ortega y Gasset no podía emprenderse ningún esfuerzo serio, no podía fundarse ninguna revista en México (*Contemporáneos*) o en Argentina (*Sur*) o en Cuba (*Revista de Avance*) que no se mirara al espejo de *Revista de Occidente*.

La gratitud de la intelectualidad cubana a las empresas editoriales de José Ortega y Gasset tuvo en José Lezama Lima, y en los principales compañeros de su promoción, un ejemplo de honradez, sin las calumnias que otros le prodigaron cuando por razones familiares y económicas —defraudado, silencioso— regresara en 1945 a la España de Franco, a la España cuya Guerra Civil supo avizorar desde la célebre conferencia —"Vieja y nueva política"— que pronunciara en el madrileño Teatro de la Comedia el 23 de marzo de 1914, y sobre todo en *La rebelión de las masas* —ese libro inexcusable. Su escepticismo no estaba lejos del que los cubanos saborearon cuando la revolución de 1930 se fue a bolina, cuando observaron los crímenes de Hitler, Mussolini, Stalin, el holacusto judío y la civilizada Europa fanatizada, las quemas de libros y las denuncias de amigos, los horrores de la Segunda Guerra Mundial...

En ese contexto sembrado de improperios y de groseras caricaturas, que se prolonga hasta su muerte, brilla mejor la oración fúnebre, el epicedio de Lezama en lo que sería el último número, el 40, de *Orígenes*. Junto a varias referencias en otros textos, como en *Coloquio con Juan Ramón Jiménez* o en su *Diario* de 1942, en *Valoración plástica* (Donde, por cierto, le critica la subvaloración de El Greco) o en *Sumas críticas del americano*, en *La expresión americana* o en mucha de su correspondencia, son estas las cuartillas decisivas. La exactitud de los elogios demuestra muy bien lo mucho que lo había leído. En el primer párrafo precisa: "La extrañeza del americano en el idioma, su voluntariosa o soterrada desconfianza de las palabras, hasta que una a una se decide a descubrirlas, a desgarrarlas en cada instante germinativo, estaban vivas en él". Creo que esta consideración adquiere más importancia si observamos cuán lejos está la prosa de Lezama de la de Ortega y Gasset. Los períodos del cubano son extensos, llenos de oraciones subordinadas, de asmáticas comas, de modulaciones aparencialmente leídas como digresiones , de sinécdoques y metonimias sibilinas. Podría parecer más lógico que otros autores cubanos que sí imitaron con éxito la prosa del *Espectador*, como Jorge Mañach, exaltaran su sintaxis regular, la difícil claridad con que sabía exponer los temas más crípticos. Pero es Lezama quien dice: "No apetecía la tradición como disfrute, sino el disfrute de una tradición matinal, reciente, descubierta. Primera de sus hazañas: frente a la mortandad del verbo hispano de sus comienzos, levantarse a la eficacia conquistadora del idioma".

No se le escapa al poeta de *Enemigo rumor* que de esa "eficacia conquistadora del idioma", tan lejana del camino manierista por él escogido —no olvidar que el estilo, para Ortega, es el hombre—, se deriva la peregrina idea de que no se trata de un filósofo, quizás el más brillante que ha dado España en toda su historia, sino de un tipo con inquietudes intelectuales, de un periodista y profesor de Metafísica cuya facilidad expresiva y conocimiento de la lengua alemana le permitió mezclar a los neokantianos de Marburg con las *Ideas* del grupo de Freiburg, encabezados por Husserl. Lezama percibe el enorme mérito de haber podido escribir llanamente, para colmo con amenidad, los temas ontológicos y axiológicos más densos; de haber logrado que la filosofía pareciera literatura. También se da cuenta, desde luego, de cuánta envidia y recelo era capaz de danzar a su alrededor cuando descarnaba sin edulcoraciones la realidad radical. El también ya comenzaba a padecer en 1956, como en 1943 cuando los ataquitos de Virgilio Piñera desde la revista *Poeta*, los "no entiendo" y las burlas de "anaquel con patas". Su excepcionalidad reconoce la excepcionalidad.

Por ello afirma: "No se le situaba la gran valentía con que iba a sus cosas esenciales, aunque tuviese que torcer simpatías de cavernícolas o liberales. Es ahora el momento de manifestar que fuera Ortega y Gasset, el que dijera las cosas más valientes, inteligentes y voluntariosas, acerca de la historia, paisaje o política, que se han dicho en España en los últimos cien años". Me permito subrayar los tres adjetivos: "valientes", "inteligentes" y "voluntariosas". Ellos destierran no sólo a ciertos epígonos, bajo la evidencia de que un maestro no es culpable de sus discípulos o de la manipulación de su ideario, sino también a los que le han negado su generosidad fundacional, su entrañable amor a España. Ellos reflejan la misma admiración crítica que Lezama le escuchara a su amiga María Zambrano, cuando su prolongada y enjundiosa estancia en nuestro país.

La rebelde discípula, tan querida y respetada por el grupo *Orígenes*, tampoco escatimó elogios. La autora de *El hombre y lo divino*, de *La tumba de Antígona* y de *La Cuba secreta* nunca se separó del raciovitalismo orteguiano, de la axiología jerraquizadora de la existencia como devenir, de la intuición que pone en suspensión los fenómenos y ve al tiempo como sucesión de instantes. Lezama siempre estuvo atento a las visitas y conferencias que dieran en Cuba destacados discípulos de Ortega, como José Gaos desde su exilio en México o David García Bacca desde Venezuela. Lezama asistió a las lecciones que María Zambrano impartiera aquí en La Habana en 1948. La primera se titulaba: "Ortega y Gasset y la filosofía actual". Allí pudo oírle decir: "Pues en aquella hora de su salida al mundo parecía casi imposible ser español y ser filósofo: ser filósofo por ser y para ser español". La alumna genial exalta los esfuerzos de su maestro, su "temblor por la suerte del ser humano", su esperanza de "que la razón se disuelva a sí misma a fuerza de entenderse, que la vida se apure, para dejar, celosa, de ocultarse. Que vida y razón no se oculten la una a la otra".

En carta a su amiga filósofa fechada en diciembre de 1955, tras la muerte de Ortega, Lezama se lamenta de la "descampada frialdad" que ha rodeado al acontecimiento. Le escribe que se trata de un "hecho brutal", una "indignidad", una "pobreza sucia". Tampoco podía dejar que le pasara inadvertida —en la Cuba que en 1955 sufría el desmoronamiento de su sociedad civil, el caciquismo y la corrupción— la raigal disidencia del *Espectador*. Es significativo que cite el siguiente juicio: "La perdurable modorra de idiotez y egoísmo que ha sido durante tres siglos nuestra historia". Y es que también él, a su modo, tuvo siempre una actitud disidente, crítica, ante la realidad. Por ello pone como elogio lo que es autoreconocimiento: "Desde muy joven penetró en su destino, 'parecería lo que dijese una historia de España vuelta al revés'. La historia se había hecho tópica, repetición, cartoné. Y Ortega comprendió que había que despellejar aquel falso ordenamiento que dañaba lo hispánico. (...) Se enfrentó hasta su muerte con esa idiotez; combatió, hasta que una mezquina circunstancia histórica le cerró todas las puertas, esa modorra". La identificación anímica no puede ser más diáfana. Parece suficiente recordar los editoriales-señales de *Orígenes*, el prólogo y las presentaciones de autores de su antología de poetas cubanos, "Paralelos. La pintura y la poesía en Cuba (siglos XVIII y XIX)", los textos sobre José Martí, "Céspedes: el señorío fundador"...

En el editorial del primer número de *Orígenes* pueden leerse frases que se emparientan con el espíritu de Ortega. Allí, en la primavera de 1944, Lezama afirma: "No le interesa a *Orígenes* formular un programa, sino ir lanzando las flechas de su propia estela. Como no cambiamos con las estaciones, no tenemos que justificar en extensos alegatos una piel de camaleón. No nos interesan superficiales mutaciones, sino ir

113

subrayando la toma de posesión del ser". Obsérvese, en el paralelo, la coincidencia con el voluntarismo orteguiano, con su inquebrantable coherencia crítica, hasta las decepciones finales —a partir de 1936— sobre el valor de la palabra. La jerarquización de lo ético sobre transitorios virus políticos, y sobre todo sobre escuelas filosóficas que entonces se autoproclamaban dueñas de la verdad y cumbres definitivas del pensamiento humano, acercan aún más, vistos desde este año 2000, a Lezama y Ortega. Mucho pudo agradarle al pensador español esta reflexión del poeta cubano, cuya vigencia parece mayor hoy que hace cincuenta y seis años: "La libertad consiste para nosotros en el respeto absoluto que merece el trabajo por la creación, para expresarse en la forma más conveniente a sus temperamento, a sus deseos o a su frustración, ya partiendo de su yo más oscuro, de su reacción o acción ante las solicitudes del mundo exterior, siempre que se manifieste dentro de la tradición humanista, y la libertad que se deriva de esa tradición que ha sido el orgullo y la apetencia del americano".

Es triste constatar cómo ambos se equivocaron, parcialmente, en las respectivas valoraciones de España y de Cuba. Lo mismo que Ortega antes de la Guerra Civil confió demasiado en el poder de las élites ibéricas para lograr un dinamismo cultural que cualificara la vida de sus coterráneos, que pecó entonces de una alucinación desiderativa que pronto fue destrozada por fanatismos y violencias; también Lezama cometió el error bovarista de dar por alcanzado un estadio de ecumenicidad que pronto la historia cubana se encargaría de incendiar. Da risa, grotesca y lastimosa, leer en aquel editorial inaugural de *Orígenes*, que Lezama peque de un desbocado optimismo cuando asevera: "Ya están dichosamente lejanos los tiempos en que se hablaba de arte puro o inmanente, y de un arte doctrinal, que soportaba una tesis, sumergido en un desarrollo que partiendo de una simplista causalidad se contentaba con un final esperado, impuesto y sobreentendido". Lo que Ortega tuvo que soportar en la España del Caudillo y de la Falange, de la Censura —hay que reconocer que sin una gota de hipocresía— y de la violación de los derechos humanos; puede analogarse, *mutatis mutandi*, con muchos episodios de la historia cubana del siglo XX. Muchos años después de 1959, alrededor de 1971 y hasta después de la muerte de Lezama en 1976, la cultura cubana padecería los acerados garfios del llamado "realismo socialista", el anquilosante sectarismo doctrinal que la ingenuidad de Lezama había dado por terminado en 1944. Aun hoy se podría dialogar —sin polarizaciones fundamentalistas— sobre si sobreviven o no formas de "simplista causalidad" y "final esperado".

Pero a pesar de cierta candidez, dictada por la buena fe que siempre lo caracterizó, Lezama no deja de percibir en su nota necrológica las aristas trágicas que casi siempre rodean a hombres como Ortega. En el último párrafo recuerda una de sus frases: "Todo español lleva dentro como un hombre muerto, un hombre que pudo nacer y no nació". La frustración, como vemos, no dejaba de revolotear por la casa de Trocadero 162. El empeño por vencerla también era para él una frase de Baudelaire, de quien siempre fue un asiduo lector: "Aquel que todo lo que hace, lo hace bien, es el

Diablo". Y una suya, de la que existen algunas variantes, donde dice que lo importante es la flecha, no el blanco.

Con toda razón el novelista de *Oppiano Licario*, el exaltador de la obra icárica, arremete contra los detractores cubanos y no cubanos del maestro madrileño: "Los que se contentaban y aprovechaban de esa frustración, mirarán siempre con recelo maligno ese esplendor, ese triunfo de la inteligencia, ese recio señorío mostrado por Ortega para combatir las enfermedades de su circunstancia y su tiempo". También Lezama había leído bien a Cervantes. Como en las *Meditaciones del Quijote* que Ortega publicara en 1914, podía hacer suyas unas palabras del Ingenioso Hidalgo, del Caballero de la triste figura: "Bien podrán los encantadores quitarme la aventura, pero el esfuerzo y el ánimo es imposible".

"La sobriedad de su muerte, rodeado de cosas muy esenciales, la maligna incomprensión que se complació en escarnecerlo durante sus últimos años, hicieron que de nuevo en él esplendiese la antigua grandeza castellana. A su espíritu de fineza, a la noble voracidad de su fervor humanístico, a la rectitud de su señorío, a la sobriedad de su muerte, el homenaje, un angustioso detenernos en la marcha, de los que trabajamos en *Orígenes*" —termina Lezama. Y no creo que tras estas palabras queden muchas dudas sobre las indelebles huellas que la obra y la vida de Ortega supieron sembrar en el "ojo con alas" del ciclón metafórico caribeño; hasta en las críticas sobre la ausencia de la idea de Dios, como asunto místico, que aleja a uno de otro, que Lezama sutilmente le reprochara a favor de Unamuno, contra las posiciones de la fenomenología que refutan la concepción aristotélica tomista de una armonía entre la razón y la fe. Y hasta en la ironía — recuérdesen ciertos desdenes e ignorancias de Ortega sobre América Latina— de llamarlo "americano" para caracterizar su porosidad mental y su avidez intelectual.

Huella menos obvia puede hallarse en *Paradiso*. En la secuencia del Capítulo IX aparece una jugosa conversación, dentro del sentido iniciático que conforma el *leiv-motiv*, entre Cemí, Fronesis y Foción en la Plaza Cadenas de la Universidad de La Habana. Los diálogos upsalonianos dan muestra, en el homenaje a Platón y a los presocráticos, de cómo también se le estaba rindiendo homenaje a Ortega. Es allí donde por única vez aparece su nombre dentro de la novela. Es allí donde vale recordar el excelente ensayo de Walter Benjamin: "Una imagen de Proust" y relacionarlo con lo mucho que Lezama quería y conocía *En busca del tiempo perdido*, con las variadas intertextualidades que le provoca. El ensayista alemán reconoce: "Es Ortega y Gasset el primero que ha prestado atención a la existencia vegetativa de las figuras proustianas que de manera tan persistente están ligadas a su yacimiento social, determinadas por un estamento feudal, movidas por el viento que sopla de Guermantes o de Méséglise, impenetrablemente enmarañadas unas con otras en la jungla de su destino".

La similitud entre la jungla de Proust y la de Lezama se profundiza en el sentido dialógico, a veces parodístico, que se aprecia en *Paradiso*, en particular cuando en ese Capítulo IX — el que sucede a la iniciación sexual de Cemí— los tres personajes se enmarañan, vegetativamente, en una discusión sobre la homosexualidad, que desde luego va mucho más allá de una exégesis bisexual para hundirse en la androginia primitiva, llegar a la permisibilidad griega que después será anatematizada cuando San Pablo convierte al cristianismo en Iglesia, cuando los apóstatas, tras Juliano, son reprimidos bajo el manto de las órdenes religiosas, de la futura inquisición.

El manierismo vegetativo que liga a los tres amigos, que los desdobla del autor sin perder sus individualidades, mereció por algún resquicio que no nos interesa saber si fuese consciente o inconsciente, la mención de quien descubriera ese signo proustiano. Es en la página 259 de la edición crítica donde leemos: "—*Dove si grida non e vera scienza* —volvió Foción a decir, bajando la voz como para una pronta reconciliación—, donde hay gritería no hay verdadera ciencia, decía Leonardo, aunque la cita se la he leído a Ortega y Gasset. Procuraré que mi cornetín requinto no vaya a destruir la sutileza de tu *membrani timpani*. Discúlpame mis gritos y mi ciencia mentirosa. Te ruego que prosigas". La cita, como explica Cintio Vitier en la nota correspondiente, pertenece al *Tratado de la pintura y del paisaje, sombra y luz* de Leonardo da Vinci, y en la traducción española dice literalmente: "Allí donde se discute, no hay verdadera ciencia". Obsérvese cómo Lezama, en la súbita interrupción altisonante que Foción le hace a su amigo Fronesis, delante de José Cemí, recurre a la alteración y al choteo. En ese contexto, donde el homosexualismo de Foción no deja espacio para la burla machista o feminista, Lezama introduce la referencia a Ortega, como para que la cita de segunda mano aminore la carga íntima de la discusión, el amor de Foción hacia Fronesis.

Quizás exagero al ver allí un elogio del método fenomenológico, de esa necesidad de poner entre paréntesis (la *epojé o reducción*) los "fenómenos", despojarlos de su corteza subjetiva, para asediarlos con mayor objetividad. Lo cierto es que se evidencia que la tríada de jóvenes personajes, evidentemente, está familiarizada con las ideas de Ortega, lo lee y estudia, lo cita y hasta le roba las citas. Cuando Foción casi se humilla ante Fronesis, cuando le revela que no ha leído a Leonardo da Vinci, está indirectamente rindiéndole culto al autor de *Ideas y creencias*, al exaltador del pensar sintético e intuitivo —tan lezamiano— y no simplemente conceptual y abstracto, al que confía generosamente en la continuidad de *El hombre y la gente*.

Por esta pista podría desbaratarse la contraposición excluyente entre la idea lezamiana de que la poesía puede encarnar en la historia con la noción raciovitalista de que la historia no puede forzarse, de que la construcción del futuro hipoteca el presente. La parodia que admiramos en un texto de Lezama como "Carnaval del rubio Glucinio" niega la vinculación estoica que algunos críticos le atribuyen. La visión también fue carnavalesca, y en este punto, en las burlas hasta de sí mismo que pueden observarse en el juego de citas, como parte de su temida mordacidad irónica, hay un vínculo con el perspectivismo de Ortega, con el axioma de que el único *en sí* válido es la labor desengañadora. Tal vez sea esta cernida asimilación del ideario raciovitalista quien lo haga acercarse a esa "religión de la luz no sacrificial" que le oyera defender a María Zambrano. La mitologización lezamiana no fue tan mesiánica como parece o como algunos han querido que parezca. Su teoría del "azar concurrente" relativiza los causalismos deterministas, ridiculiza el positivismo que mecaniza las relaciones sociales y los procesos inferencistas que derivan de la economía y la psicología, de la sociología y la política, los fenómenos artísticos y las reflexiones estéticas. La lectura de Nietzsche, el versículo del *Zaratustra* que tanto le gustaba a su arrogancia incorporativa: "Yo vivo mi propia luz, yo absorbo en mí las llamas que brotan de mi cuerpo", si lo relacionamos con el parlamento inmediato posterior dice mucho de la rebeldía lezamiana: "No conozco la felicidad de los que aceptan; muchas veces pienso que robar debe ser una dicha mayor que aceptar". Y por supuesto que también nos aproxima a Ortega y su desenfado contra lo establecido, a Ortega y su idea de que cada vida, "la razón del yo", es la única puerta gnoseológica.

Una última curiosidad ratifica el estrecho vínculo entre el poeta y el filósofo que nunca pudieron dejar de vivir en su tierra natal, que siempre subordinaron la metafísica a la plenitud vital como trascendencia hacia Dios o como viaje a lo desconocido, a la vida que "es en su raíz proyecto". En el *dossier* de Lezama que obra en nuestra Biblioteca Nacional José Martí apareció un breve apunte. Dice: "La aristofobia o el odio a los mejores. ¿Ese odio adquiere en realidad sus perfiles determinantes en la masa? ¿O es que el mejor ha olvidado la melodía y la energía para penetrar en las masas como tales, no siendo en estas no ya el odio, ni la indiferencia, sino el desconocimiento de esos mejores la tónica? Con entera honestidad Ortega subraya que ha sido signo de la cultura hispana que el pueblo lo ha hecho todo. Han faltado 'los hombres de sensibilidad artística poderosa' y 'los fuertes temperamentos que logran concentrar en su propia persona una gran energía social'. El falso pueblo se defendía contra Ortega, pero Ortega continuaba en su lucha de aclaramientos, de verdades, de finezas dialécticas. Lo ha hecho todo el pueblo, decía Ortega, pero hay ciertas cosas que no puede hacer, y ahí está la falla de todos. La frustración española, frustración que consiste en un asesinato. Todo español y todo hispanoamericano parecen haber incurrido en eso: haber matado lo mejor suyo".

El apunte al ensayo de Ortega —"La ausencia de los *mejores*", que aparece en su libro *España invertebrada*— tiene en las dos preguntas iniciales su más aguda observación, relacionable con el repudio de la manipulación demagógica, del hombre-masa que puede pertenecer lo mismo a la burguesía que al proletariado, que lo mismo puede ser un profesional que un analfabeto. Pero también, a la vez, relacionable con el desprecio olímpico que algunos círculos intelectuales experimentan, llenos de egoísmo altanero, hacia la educación de las mayorías. Apunte no tomado para publicar, revela cómo Lezama también rechaza la noción de "pueblo", todo lo que alberga de muta —en el sentido que le otorga Elías Canetti en su monumental *Masa y Poder*— y de indeterminación, de vaguedad, de rebaño conducible, de palabrería política de élites discriminatorias. La frase final, la autoinmolación, es sencillamente sobrecogedora. De las presencias hoy mismo de la frustración podríamos abrir un extenso capítulo que empezaría honradamente por las paradojas de ricos y pobres, discriminaciones y Declaración Universal de Derechos

121

Humanos, globalización electrónica y trivialización rampante. El asesinato que Lezama condena, que Ortega denuncia, no ha terminado aún, tal vez no termine nunca...

Este primer acercamiento a un tema que hasta hoy permanecía inédito lleva como título "La complacencia trascendente", frase tomada del epicedio de Lezama a Ortega. Quisiera recordar que complacer, en su etimología —con-placer— tiene un sentido lúdico que abre el juego libre de la ideas. Y que trascender no sólo es ir más allá sino atravesar. El movimiento de las ideas de los cubanos en este año 2000 —como el paso del mulo en el abismo lezamiano y como la razón vital orteguiana— atraviesa los inmovilismos, pugna también por normalizar, por convertir en algo cotidiano "la complacencia trascendente". Desde esa realidad asumida como devenir, como reto indetenible, quiero terminar con una pedantería. Cuando alguien menciona a José Ortega y Gasset suele citar una frase de *Las meditaciones del Quijote*: "Yo soy yo y mi circunstancia". Es pertinente recordar que la frase está mutilada. Completa pierde su determinismo, dice: "Yo soy yo y mi circunstancia, y si no la cambio a ella, no me salvo yo". Su tocayo José Lezama Lima la supo henchir, pletorizar en su entereza.

La Habana, 2000.

UN CICLÓN CUBANO PARA ORTEGA Y GASSET

A Tzvi Medin

La cifra es redonda. La recepción, sin embargo, ha sido cuadrada. A principios de 1956 —hace cuarenta años— la revista *Ciclón* dedicaba un número (Vol. 2, No. 1) al primer filósofo de habla hispana. Pero aún hoy se carece de una valoración sistémica de su presencia —y de la estelar *Revista de Occidente*— en la cultura cubana contemporánea. Tal vez ahí radique la causa de que Cuba sea la gran ausente en las valoraciones sobre el tema en América Latina, que apenas aparezca parte de la enjundiosa bibliografía que tenemos. Mi intención es airear aquel homenaje como parte de *Una lectura cubana de José Ortega y Gasset*. Estudio en el que avanzo con más avidez de posesión que deseos de escribir la venturosa aventura espiritual; fenómeno que comparto con mis lecturas y apuntes sobre Elías Canetti.

Antes de apreciar los cinco textos que componen el homenaje de *Ciclón* debo situar la circularidad del cuadrado exegético. La ausencia de lecturas y estudios sobre Ortega en las últimas décadas de la historia cubana obedece no sólo a las tergiversaciones transnacionales de su ideario y de su vida, sino a circunstancias locales bien específicas, encabezadas por un ambiente sectario, nada propenso a favorecer el acercamiento de las generaciones emergentes al instrumental de la fenomenología; o a los principios ontológicos y éticos derivados de la "razón vital", de la jerarquización de lo individual frente a la masa, del perspectivismo crítico y de la valoración prioritaria del presente, del instante.

La situación en 1956 fue bien distinta. A raíz del fallecimiento de Ortega el 18 de octubre de 1955 se suceden los tributos, los reconocimientos cubanos. Baste recordar los artículos de José Lezama Lima, Alejo Carpentier y Jorge Mañach, o el número espléndido que le dedicara la *Revista Cubana de Filosofía*. En ese ambiente no viciado por actitudes políticas e ideológicas de vocación monologante, se fragua el número de *Ciclón*, catalizado también por la represión franquista contra los intelectuales que desde dentro de España trataban de abrir ventanas para el libre tránsito de las ideas.

La contextualización merece un rápido resumen porque deja un ejemplo de saludable vigencia. El director de *Ciclón*, José Rodríguez Feo, mientras preparaba el número recibe carta de España donde un amigo le cuenta de la suspensión de las revistas *Insula* e *Indice*, "y otra revistas menores". Y le pide: "No estaría mal que dieras una nota de protesta en *Ciclón* que expresaría la solidaridad con los escritores españoles de los escritores cubanos". Siguiendo el ejemplo de Lezama y de Virgilio Piñera, Rodríguez Feo estuvo durante toda su vida en contra del tufo a dictadura, discriminación, fanatismo. Enseguida presidió el número con una digna nota —"Duelo en España"— que termina diciendo: "*Ciclón* une su protesta a la de todos los intelectuales de América ante este nuevo atropello de la censura franquista".

Precisamente el número de *Insula* que fue secuestrado estaba dedicado a Ortega, y en él colaboraban escritores que —

124

como María Zambrano— eran republicanos exiliados. Precisamente el número de *Ciclón* sobre Ortega también incluye poemas de Blas de Otero, José Hierro, Rafael Morales y José Luis Cano. La defensa de la libertad intelectual no podía ser más diáfana. Tres ensayos excelentes, uno mediocre y otro de una mordacidad irónica, mezclada con petulancias y razones exógenas, componen la entrega de *Ciclón*. Los disfrutables son "La filosofía de Ortega y Gasset" de María Zambrano, "Ortega y el concepto de razón vital" de José Ferrater Mora y "La singularidad estilística de Ortega y Gasset" de Juan Marichal. El desabrido corresponde a Guillermo de Torre: "Ortega y su experiencia americana". El también disfrutable, pero lleno de trucos y de trampas, es nada menos que de Jorge Luis Borges: "Nota de un mal lector". Reseñarlos debe favorecer que la curiosidad hacia Ortega se multiplique, crezca venturosamente en el horizonte intelectual cubano.

Bajo una frase de Ortega —"Pensar es nadar"— se despliega el magnífico ensayo de María Zambrano, fechado el 8 de diciembre de 1955, en Roma. Al presentar una síntesis de la filosofía de su principal tutor reafirma, contra las tesis "modernas" de "avance" y de "progreso", la noción de que el mundo de las ideas sencillamente se "desplaza". Y enseguida, con la brillantez y claridad expositiva de quien conoce a fondo, explica el principio de "razón vital". El axioma de la difícil sencillez se cumple a plenitud, tal como Ortega le enseñara cuando ella daba sus primeros escritos a la *Revista de Occidente*. Apreciar tal sencillez continua siendo una eficaz vacuna contra las criptologías que aún inundan de complicaciones la complejidad temática, que aún deslumbran a ingenuos.

Implícitamente ella desbarata uno de los principales prejuicios que padece la obra de Ortega. Decir las ideas de la manera más hermosa y más amena sigue pareciendo impropio de un filósofo. Por ello, luego de reconocer que "la tradición del pensamiento español no abunda en sistemas, ni tampoco en métodos", dice que el *genus dicendi* de su maestro está "íntimamente ligado con la peculiaridad de su sistema filosófico y con algún rasgo de su específica vocación literaria". La inseparable relación entre idea y estilo, el principio dialéctico que entiende al pensamiento como "razón en marcha", la lleva a sugerir, críticamente, la aceptación "de que algunas filosofías sean, en cierto modo, asistemáticas". Y por este principio tan actual llega a la vida como "realidad radical", base de que para Ortega el problema predominante de la filosofía no esté en los enigmas metafísicos y ontológicos, sino en las interrelaciones con las circunstancias espirituales y materiales.

Si Ortega —como ella bien cita— consideró que "el destino concreto del hombre es la reabsorción de la circunstancia", se infiere que "Esto ha hecho que su filosofía se ejercitara antes de formularse; que se fuera formulando al mismo tiempo que se ejercía, en una pluralidad de géneros". Se adelantaba María Zambrano —tan querida en "La Cuba secreta"— a lo que los filósofos españoles de hoy —como Javier San Martín, José Luis Molinuevo, Heliodoro Carpintero, Ignacio Gómez de Liaño, Francisco López Frías...— han sabido apreciar en Ortega. Aunque lamentablemente en 1955 la obra de Husserl no era conocida como hoy, lo que le hubiera evitado la etiqueta de "psicologismo", ella supo que sin la fenomenología sería imposible la existencia filosófica de Ortega.   Está claro, además, que "no se puede entender el 'sistema' identificándolo con la forma de algunos, por ej. el de Hegel". Tal grave error, cuarenta años después, parece un tributo al Parque Jurásico de Spilberg, pero entonces aún levantaba nubes de equívocos germanistas, de aficiones a filósofos legisladores y mandones. Para ellos —como les reprochaba Ortega— "Pensar no es ver, sino legislar, mandar". Para los que todavía sobreviven entre el resentimiento y el fanatismo, sería recomendable el naufragio. "En el naufragio —dice María Zambrano recordando *La rebelión de las masas*— el 'contar con' no encuentra su punto de referencia, no sabemos a qué atenernos, y entonces en esta extrema indigencia se revela la desnudez de la vida, de nuestra situación impar en el mundo que nos obliga a pensar".

La alumna recuerda con cariño y gratitud el trabajo universitario de Ortega. Dice que en él "realizaba plenamente la labor crítica y la expositiva de su sistema bajo el título *Tesis metafísica acerca de la razón vital*. Recuerda que había que aprender a nadar o ahogarse. Y esa elección, ayudada por el perspectivismo, es ineludible. "Somos necesariamente libres" — recalca. Y agrega: "La filosofía de Ortega nacida de la crítica de la abstracción del tiempo operada por Parménides, exige penetrar de lleno en el tiempo, en el tiempo humano, quizá en los múltiples tiempos en que el hombre ha de moverse". Por lo que "Converge en ello con el pensamiento de la filosofía actual y de la que se espera".

Lo más dramático del ensayo —desde las largas añoranzas del exilio— es una frase imborrable, como otras de la primera ensayista española de todos los tiempos. Dice: "La muerte nos visita cada vez que alguien irrenunciable muere".

Así es. Tanto como un posible parafraseo donde la vida —la realidad radical no como hecho consumado sino como acontecer— resucita en su digno homenaje al madrileño que supo enseñar a no confundir creencias con ideas, a razonar *El tema de nuestro tiempo*, a prever la tragedia de la Guerra Civil...

El segundo ensayo es del catalán José Ferrater Mora, y también fue escrito en el destierro, en París, en diciembre de 1955. También él fue acogido en Cuba como transterrado, aunque permaneció mucho menos tiempo que María Zambrano, sólo entre 1939 y 1941. Años después tanto la malagueña como el barcelonés exhibirían sendos estudios sobre Ortega, pluralizando las labores de Julián Marías, José Gaos, García Bacca...

Muy bien se acerca Ferrater al concepto de "razón vital", tal como lo formulara Ortega "con apetecible claridad" en *El tema de nuestro tiempo*. Las confusiones terminológicas son deslindadas con el bisturí de un filólogo, a partir de que la razón "es la única posibilidad ofrecida al hombre para ayudarle a caminar sobre el terreno perpetuamente resbaladizo de su existencia".

Realidad y a la vez método, la razón vital jerarquiza lo empírico. Y Ferrater se apresura a decir que "empírico no equivale a caótico", y que "la razón vital no es un mero lujo del cual podamos prescindir: es el hilo conductor en nuestra busca del *sistema del ser*"; porque "El pensamiento no es así algo que el hombre posee y que en virtud de tal posesión pone en funcionamiento, sino algo que pone con más o menos dificultad en funcionamiento porque lo necesita". Lo que le lleva a reflexionar que "en una medida considerable somos nuestra propia interpretación y, por ende, nuestras propias

128

convicciones". Concluye el análisis, tras una exacta explicación de la interrelación dialéctica entre creencias e ideas —elemento fundamental de la razón vital— no sin advertir que muchas dudas también son en el fondo creencias, ya que nadamos —vuelve la metáfora— sobre un mar de dubitaciones.

El tercer ensayo pertenece a Juan Marichal. No alcanza, por su propia temática, la hondura de los anteriores. Lleva un epígrafe de Jorge Guillén: "Despertar es ganar". Logra argumentar profesionalmente la singularidad estilística, luego de establecer un curioso paralelo entre Ortega y Maritain, de contextualizar la vida del escritor a partir de 1900, y de observar la quiebra —aún vigente— entre las élites intelectuales y las políticas; aunque peca de cierto optimismo o ingenuidad al decir que antes de la quiebra "las palabras del escritor contenían (...) una potencial resonancia política y alcanzaban pronto una dimensión social".

Ortega —como le decía a Unamuno en una carta juvenil— no se incorpora nunca al "coro de ocas". Por ello la mejor caracterización de su estilo está en la "tensión combativa" de su prosa, en su constante, ejemplar entusiasmo. Y a la sombra benefactora de Renan —según Marichal— logra un clasicismo caracterizado por no sentir "disparidad alguna entre la riqueza de la forma y la exactitud conceptual". El ritmo oratorio, la musicalidad de su discurso, suscitó enseguida "una constancia de admiración comprensiva, de extremada fruición intelectual". Su euforia expresiva, la necesidad de interlocutores (hasta el imaginario Gaspar de Mestanza), indican desde bien temprano su perspectivismo domeñador de creencias, su vocación de cambiar las circunstancias.

Cita Marichal una autodefinidora frase de Ortega, casi emblemática, correspondiente a 1915: "la nueva sensibilidad aspira a un arte y a una vida que contenga un maravilloso gesto de moverse". Al metabolizar tal paradigma se entiende la abundancia de términos volitivos, el *ritmo-caminero* de su prosa, las constantes referencias a la acción posible y la consideración gestual de las palabras.

Paso rápido por el ensayo de Guillermo de Torre "Ortega y la experiencia americana" —porque sabemos que fue, desgraciadamente, sólo a Argentina, con brevísimas excursiones a Chile y Uruguay; y lo peor, con escasas lecturas de nuestros pensadores. Por ello no parece sensato afirmar, salvo por demagogia, que "el modo y el estilo criollo de sensibilidad" influyera en Ortega. Primero habría que preguntarse cuál es ese "modo" y ese "estilo", y si son similares en Buenos Aires y en La Habana, en Santa Fe de Bogotá y en Ciudad de México.

Comete Guillermo de Torre no sólo palabrejas como "exósmosis" (Parece significar "corriente de adentro a fuera") y horribles metáforas como "el mediodía de la madurez había sonado", sino insinuaciones que mucho dañaron y dañan la imagen ética y política de Ortega. Es obvio que sentirse fracasado y aislado no es igual a escapismo, a una actitud evasiva o cobarde; aunque no quiera verlo así la prosa sahariana del hispano-argentino Guillermo de Torre. Aunque a momentos se apoye en verdades lexicalizadas —"... su huella en la prosa pensante castellana es tal, que antes de Ortega se escribía de cierto modo; después de otro"— el resentimiento contra el hombre que no pudo resistir el exilio, entre otras razones porque en la Argentina de 1939 casi nadie lo ayudó, se une en Guillermo de Torre al pase gacetillero por la polémica, segmentada visión que de Nuestra América tuvo Ortega.

El cuarto ensayo ocupa una sola página de la revista. Es deliciosamente venenoso y la historia aparece cuajada de quiebros y requiebros, de chismes falderos y trifulcas. Sus cuatro párrafos están fechados en enero de 1956, en Buenos Aires. Hay que leer la correspondencia entre Virgilio Piñera y Rodríguez Feo para saber cuánto trabajo costó conseguir la "Nota". Varias veces se queja Piñera de que Borges no le acababa de entregar lo prometido, hasta acude al célebre poder de doña Leonor Acevedo de Borges. En carta fechada el 24 de diciembre escribe: "Lucho a brazo partido con Borges para que acabe por entregarme su colaboración. Me da cortas y largas. Ayer la madre me dijo que me lo entregaría sobre el treinta. Es una verdadera desesperación". Quince días más tarde, el 3 de enero, escribe: "Borges sigue sin dar señales de vida. Ya no sé qué hacer". Aún el 23 no lo tiene en su poder. Sólo el 27 lo consigue y hasta los primeros días de febrero no logra enviárselo a Rodríguez Feo...

Tal demora parece que obedeció a que Borges dudaba, no estaba del todo decidido a enfrentarse a Ortega. También a cómo hacerlo, dónde hallar el punto débil. Preveía el escándalo, así se lo había comentado a Piñera, y este se lo refiere a Rodríguez Feo en carta muy anterior, de fecha 23 de noviembre. Añado esta información a los argumentos que ofrece Roberto González Echevarría en su artículo "Borges, Carpentier y Ortega: Dos textos olvidados". Aunque el ensayista cubano incurre –suele hacerlo-- en una caricaturización cuando afirma que "La importancia de la labor de Ortega estriba sobre todo en haber diseminado y re-escrito la filosofía alemana en términos hispánicos"; sin embargo le sobra razón   –algo raro en sus textos-- cuando señala como factores de la trifulca el desacuerdo respecto de la concepción de la novela y las opiniones de Ortega sobre la vida intelectual argentina. A lo que me atrevo a añadir las querellas y rumores que involucran a Victoria Ocampo en una relación sentimental con el madrileño, que estaba casado; a su hermana Silvina – esposa de Adolfo Bioy Casares, el mejor amigo de Borges-- y a otros argentinos y emigrados no españoles; cercanos a la revista *Sur* y de alguna manera xenófobos o por lo menos no dispuestos a tolerar las duras críticas de Ortega al "argentinismo" de entonces.

No podía saberle bien a Borges el paternalismo eurocentrista de Ortega, como tampoco podía aceptar sin protestar que expresara juicios tan certeros como el siguiente: "Siempre me ha sorprendido la desproporción que suele haber entre la inteligencia, a menudo espléndida, del americano, y esa otra facultad de *mise au point* que es el criterio". Bien sabía el genial narrador y poeta que Ortega no continuaba sino contradecía el ideario de Unamuno. Bien sabía que reconocerlo le permitía arremeter anglosajonamente contra los más evidentes vicios de la prosa española. Bien sabía que al decir que apenas lo había leído le devolvía su apatía hacia nuestros autores.

Con su perfecta ironía y sagacidad logra Borges encontrar un ángulo estilístico débil. Esa tarea demoró la entrega de la "Nota". No poco tiempo debe haberle costado hallar un argumento irrebatible: "Ortega, hombre de lecturas abstractas y de disciplina dialéctica, se dejaba embelesar por los artificios más triviales de la literatura que evidentemente conocía poco, y los prodigaba en su obra (...) algo —modestia o vanidad o afán de aventura— lo movió a exornar sus razones con inconvincentes y superficiales metáforas". Pero claro, siempre fiel a su lúcido relativismo, que tanto le debe a la fenomenología, Borges concluye su venganza sin cerrar ninguna puerta: "Quizás algún día no me parecerá misteriosa la fama que hoy consagra a Ortega y Gasset".

En 1996 pocos dudan de que el "misterio" ha desaparecido. El "quizás" de Borges ha perdido el filo. Las reediciones y estudios se suceden. Los debates sobre la neofenomenología enriquecen las recepciones de su obra. Hay consentimiento en que Octavio Paz no exageraba al decir: "Su enseñanza consistió en mostrarnos para qué servían las ideas y cómo podríamos usarlas: no para conocernos a nosotros mismos ni para contemplar las esencias sino para abrirnos paso en nuestras circunstancias, dialogar con nuestro mundo, con nuestro pasado y con nuestros semejantes".

Parte de ese imprescindible diálogo en la Cuba actual puede tener en la obra de Ortega uno de sus apoyos más fértiles. Así lo intuyeron para entonces y para ahora mismo José Rodríguez Feo y Virgilio Piñera cuando prepararon su *Ciclón* de homenaje. Que así sea.

(Texto leído en el Coloquio sobre la revista *Ciclón*, celebrado en la sede de la UNEAC, La Habana, junio 24 y 25 de 1996)

REPETIR NUESTRO CARIBE

Antonio Benítez Rojo:
La isla que se repite, Ed.
Casiopea, Barcelona,
1998.

No creo en versiones definitivas, pero hasta las próximas —esperadas— reflexiones de Benítez Rojo sobre la apasionante maquinaria del Caribe, contamos ahora con esta cuidada edición que engrandece el joven prestigio de **Casiopea**, de Marta Fonolleda. Tampoco Benítez Rojo cree, y menos aquí, en lo definitivo. Las aventuras que sus meditaciones nos sugieren se caracterizan, felizmente, por huir de las conclusiones, por saberse libres de las axiologías que pretendieron cerrar el juego, borrar el arcoíris, detener el ritmo. La dinámica de su prosa ensayística, favorecida por el narrador, jerarquiza precisamente lo cuestionable, lo discutible, lo que carece de final.

Desde tal mérito espiritual se desenvuelve *La isla que se repite*. Allí se halla   —contra los prontuarios y catecismos que nuestra región ha padecido— su axis filosófico. Volumen que navega nuestro Caribe mulato, su eclecticismo crítico logra, sobre la erudición que sabiamente evade las pedanterías, un texto fuerte, de esos que como *La voz y su huella* de Martin Lienhard o como *El ingenio* de Manuel Moreno Fraginals, entran en lo canónico. Dar cuenta de sus méritos es de esos raros placeres intelectuales que exigen controlar el entusiasmo apreciativo, poner coto a los asentimientos, buscar el diálogo. Y encontrar, desde luego, puntos susceptibles de disidencias.

Sorprende, de entrada —y después de salida—, el instrumental de análisis. La nueva perspectiva científica de *Caos*, que supone reiteraciones dentro de lo aparencialmente desordenado de la naturaleza, se une desde su irónica paradoja a la concepción de *Máquina*, de movimiento perpetuo. Ajeno a las retóricas inculpadoras y a los mecanicismos positivistas, Benítez Rojo encara, es decir, se enfrenta a la célula o nebulosa primigenia del Caribe actual, a la *Plantación* como artefacto generador del tipo de sociedad que aún, descubierta o encubierta, experimentamos en la zona que nos tocó vivir. Y lo hace, alevosa y pícaramente, siempre huyendo de tonos magisteriales, como si fuera uno de los tantos aventureros que poblaron la curva de la Corriente del Golfo. Entre otras razones porque su punto de vista sabe poner entre paréntesis —como enseña la Fenomenología— los discursos eurocéntricos, las hipotecas hermenéuticas que la caterva de miméticos locales estampó ante el espejismo de la búsqueda de la identidad y ante los irrefrenables deseos masoquistas de legitimación.

La gracia de este libro se abre, pues, sin buscar lo que ya tenemos. Las telarañas del léxico aldeano, aquellas envejecidas claves de Próspero y Calibán, brillan por su ausencia. Los derrumbes de la *modernidad* no se miran con ninguna nostalgia. Las viudas son compadecidas, pero sin concederle a los fallecidos otro mérito que el de la buena fe (Aunque no siempre), el acopio de información y la obsesión desentrañadora. Su gracia es ruptura lúcida con las retóricas historicistas y con la demagogia patriotera, con el pensamiento que no concibe que dos más dos pueden dar cinco o cuatro o siete, con las euclidianas pretensiones de estratificar coherentemente los supersincretismos caribeños sobre premisas que ya ni en sus contextos originales resultan útiles. Y muy especialmente con aquellos investigadores que buscan lo que desean encontrar, es decir, con los que consciente o inconscientemente manipulan la realidad — presente histórico— en busca de ilustraciones, ejemplos, justificaciones voluntaristas de su ideario.

Pero la formulación es más saludable realizarla en términos positivos. La apertura de *La isla que se repite* es *Caos* como modo y *Máquina* como objeto, es encuentro con una frase clave: "De cierta manera" y con dos sustantivos simbólicos: "Actuación" y "Ritmo". Como participante activo, su caracterización del *interplay* de dinámicas del Caribe busca la coexistencia, halla el reto de una *performance* que se sabe mítica y oracular, científica y hagiográfica, siempre simbiótica y por naturaleza transculturada. La visión poética que en *La expresión americana* de Lezama Lima o en el *Canto general* de Pablo Neruda advirtieron a favor de la metáfora activa, desentrañadora y caracterizadora, forma parte indisoluble de la indagación, remite su código a una clave plurisémica donde el ritual que ensambla el libro aprovecha las virtudes ficcionales, las premoniciones de la imago, las intuiciones etimológicas. El conjunto polirrítmico que es objeto de reflexión también es método de reflexión: el Caribe que se medita también es el Caribe con que medita. Tal vez este aparente equívoco sintetice la clave de su éxito.

Así lo constato cuando la relectura me verifica la argucia que confunde procedimiento con asunto. Pero la repetición, como bien se advierte, nunca es la misma. El título del libro incluye la intertextualidad que nos remite a la filosofía presocrática, a la dialéctica del río de Heráclito. Por ello las superposiciones que el *performer* Benítez Rojo nos muestra —siempre "de cierta manera", como corresponde a la cultura caribeña— oscilan entre lo *premoderno* y lo *posmoderno*, pero sin caer nunca de lleno en la *modernidad* avasalladora, unidimensional, alienada y alienante. Sus capítulos, en consecuencia, avanzan como una conga de carnaval —donde por cierto también avanza bailando M. Bajtín.

Seguir lineal o aleatoriamente las páginas que se repiten y nunca se repiten —como las sabrosas congas carnavalescas— depara el encuentro con agudezas interpretativas y comentarios puntuales sobre los *performances* seleccionados que bailan paródicamente como si una banda de tocadores de rumba, alentados por la trompeta china, festejara el Día de Reyes, el de la libertad, que desea convertirse en tiempo total, rítmico, caracterizador de una vida caribeña poco mediatizada por alguna fuerza exógena. En esa metáfora, por supuesto que digresiva y múltiple, improvisada y efusiva, desiderativa y gustosamente periférica, está el *interplay* permisivo que funda Benítez Rojo "en medio del ruido y la furia del caos", de las formas autoritarias que la *Plantación* nos ha dejado en forma de estructuras feudales de pensamiento y acción, de Poder contra Masa —como enseña Elías Canetti— y de indefensión ante la cibernética globalización uniformadora.

La trivialización del Caribe recibe una deliciosa burla cuando la búsqueda de "regularidades dinámicas" no desecha sino incorpora estereotipos folklóricos, etiquetas pintorescas y membretes neobarrocos por su valor deconstructivo, por lo que generan a favor de recepciones plurales, sean "unificadoras" como la de Labat, "diferenciadoras" como la de Froude o "tipo Vía Láctea de Caos" como la que ahora se propone. La actitud ecléctica favorece, como el comercio de *rescate* a partir del siglo XVI, el contrabando de paradigmas, la prosperidad subversiva de nuevas ideas y caracterizaciones.

Otorga esperanzas pensar que siendo el Caribe la antítesis del inmovilismo y de la rigidez, casi la patria de lo subversivo por su implícita condición de sitio para confluencias, pueda soportar mucho tiempo estructuras anquilosadas, cerrazones. Muy pertinente resulta que un cubano sea el que ilumine hoy la porosidad de nuestra cultura. Aunque el espíritu de Plantación favorece la servidumbre, no es menos cierto que siempre hemos tenido un *secreto*, como el que cuenta Fernando Ortiz acerca del *cinquillo* en *La africanía de la música folklórica de Cuba*. Consciente de que nuestra percusión polirrítmica y polimétrica es muy distinta de las formas percusivas europeas, e "imposibles de pautar según la notación convencional", Benítez Rojo anima la posibilidad de lo insólito, recuerda que no hay nadie menos apocalíptico que un caribeño, alienta el cruce de ritmos, lo verdaderamente renovador.

Desde esa perspectiva penetra la escritura de Bartolomé de Las Casas y sus fabulaciones *uncanny* (Que ilustra con el increíble pasaje de la plaga de hormigas, en el capítulo CXXVIIII del libro III de *Historia de las Indias*), la poesía de Nicolás Guillén y sus voces mestizas transgresoras de lo legitimado (Como en *Motivos de son*) y controversiales ante el "hombre nuevo" (Como en el poema "Confieso que no soy un hombre puro", de 1968), las premoniciones posmodernas en las investigaciones de Fernando Ortiz con sus meditaciones sobre la "unidad" de su propio discurso (*Contrapunteo cubano del tabaco y el azúcar*) y su "suma heteróclita de ideologías" como reflejo del supersincretismo caribeño, la obra de Alejo Carpentier a partir de su propia paradoja marginal entre Cuba y Francia hacia su epifanía de "lo real maravilloso" (*El reino de este mundo, Los pasos perdidos*), la novela *Palace of the Peacock* (1960) de Wilson Harris con su viaje de re-auto-conocimiento a la selva guyanesa donde sitúa su *Génesis*, los conflictos de la piel a través de *Los pañamanes* (novela de la colombiana Fanny Buitrago) con sus *melting-pot* de razas y culturas... Desde esta perspectiva —la que considera también que "todo caribeño es un exiliado de su propio mito y de su propia historia" y "de su propia cultura y de su propio Ser y estar en el mundo"— afirma la espectacularidad de nuestra narrativa. Desde ella abre *Tres tristes tigres* y *Cien años de soledad*, *La guaracha del Macho Camacho* y *Paradiso*... Verifica el doble *perfomance*, profano para Occidente y ritual para el Caribe. Y nos regala una rigurosa apreciación de "Viaje a la semilla" a partir del sueño carpenteriano de lograr estructuras musicales, similitudes encantadas, "un *canon cancrizans* de la escritura".

La libido de esta —nuestra— historia se ilustra entonces con *La noche oscura del Niño Avilés* del puertorriqueño

Edgardo Rodríguez Juliá. Ceremonia orgiástica y expiación, aquelarre y supersticiones, forman el sentido del contrasentido; aunque se recuerde, con toda razón, que "la cultura occidental excedió en irracionalidad a las culturas simbólicas de África", como documentara Fernando Ortiz en *Historia de una pelea cubana contra los demonios*. La transgresión como signo se enrosca en su opuesto. Benítez Rojo no deja de recordar que "las sociedades caribeñas son de las más represivas del mundo", porque, desde luego, no habrían dado lugar a palenques y cimarrones, a éxodos y dictadores. El análisis se vuelve más abarcador y profundo, más caracterizador del *rizoma* Caribe, de la anomalía.

La gran paradoja (Parte IV) vuelve a Carpentier y sus oscilaciones, aventura frágilmente una tesis quizás en exceso lacaniana, pero muy sugestiva. Aunque no tanto como la que enseguida corresponde al agudo análisis del cuento "La increíble y triste historia de la cándida Eréndira y su abuela desalmada", donde la ramera carnavalesca transgrede la mitología griega, escenifica un objeto-otro, macondea el *leiv-motiv* clásico. Adviene entonces la reflexión autobiográfica: las dinámicas del carnaval como ceremonia rítmica que expresa lo antiregimentado, que permite observar el Caribe "como un sistema turbulento bajo cuyo desorden hay regularidades que se repiten", es decir, como complejo *interplay* parodójico.

Los ritmos cierran y abren *La isla que se repite*. Son su marca musical y de danza: centro irradiante hacia la conga infinita. ¿Existe una estética caribeña? Sí —responde y argumenta el escritor. Sí, decimos sus lectores, aunque su única ley sea un mezclado cambio. De ahí su universalidad creciente, su salsero guaguancó cuya frase rítmica carece de epílogo irrefutable, de conclusiones, de Benítez Rojo que con ironía se sabe entre un *acá* y un *allá*, entre sí mismo. Y al que le agradecemos su sabiduría con la paradoja de irnos para volver.

En La Habana, abril y 1998

RECUERDO DE JUAN JOSÉ ARREOLA

Me aventuro en un homenaje de gratitud, deuda ante un talento que es meta volante, exigencia lúdica, taller de una narrativa que no necesita institucionalizarse. Es un recuerdo que vincula a Juan José Arreola con Carlos Pellicer. Ahora les cuento. Armo la remembranza de cuando lo conocí y trato de unirla a una recepción crítica, aunque en definitiva —sino o azar— el mejor tributo aconseja otra relectura.

El encuentro personal no ocurrió en su Zapotlán de maíz. Fue en la casa de la calle Guadalquivir, en Ciudad de México, la mañana del lunes 7 de marzo de 1988. No sé cuántos años o veces deseé conocerlo. Llegué con el profesor y referencista Samuel Gordon. La primera sorpresa fue al abrirnos. La proverbial cordialidad mexicana —a veces desconcertante— se presentó de tenis blancos y jean, saco de gabardina a cuadros, de pelo a lo Ezra Pound y a lo Pierre Richard, alborotado como la mirada. Y sin retórica apolillada o costumbrista, como si fuera la continuación de otra visita.

El pre-texto no era algo que tal vez le aburriera, hablar de *Varia invención* o de *Confabulario*, de por qué y cómo ascendió a ser uno de los grandes del cuento contemporáneo. Tampoco la Alianza Francesa, sus excelentes traducciones, como la maravillosa de ese libro —sin redundancia— maravilloso: *El arte teatral*; la amistad con Louis Jouvet o la temporada con la Comedia Francesa... El argumento venía de encargo: Carlos Pellicer Cámara.

Se había efectuado en Villahermosa de Tabasco —en el agua y la tierra que entrañara el poeta— una jornada de homenaje al autor de *Esquemas para una oda tropical*, razón inicial de mi viaje a México desde La Habana. Allí surgió la feliz idea de sistematizar las jornadas, conducirlas —como logramos— hasta la celebración en 1997 del centenario. Para ello era necesario fundar una Asociación de Estudios Pellicerianos. El Comité Organizador —con la imprescindible ayuda de Carlos Sebastián Hernández, del pintor Carlos Pellicer López, de poetas como Ramón Bolívar y Fernando Rodríguez y de un grupo de intelectuales tabasqueños— debía presidirlo alguien que uniera a un relevante prestigio el amor y el conocimiento de la obra, y de ser posible la amistad con el museógrafo de olmecas y Frida Kahlo y mayas y Diego Rivera... Entre varias opciones poderosas, Arreola se llevaba el honor.

"Es un verdadero honor" —nos dijo emocionado. Y enseguida se desbocó su fama de poseer una memoria pantagruélica. Su timbre rasgado y la dicción exacta, la entonación nítida y las pausas precisas, nos deleitaron con varios sonetos y con pasajes de "El canto del Usumacinta", de "Iguazú"... Nunca sabré cuántos poemas de Pellicer albergaba. Y entre ellos las anécdotas, la picardía retratando, caracterizando a su amigo bolivariano y franciscano, revolucionario en su sentido etimológico...

A diferencia de otros grandes de las letras, ni una gota de vanidad empañó el encuentro. La conocida frase de Pascal —"El yo es odioso"— dirigía la plática, como gustan los mexicanos de llamar a la conversación. El escritor de

143

miniaturas narrativas de una esplendidez en la concisión que quizás sólo tenga paralelo en castellano con las de Augusto Monterroso, ni un solo instante dejó escapar un autoelogio. Su desenfado irreductible siempre le enseñó lo fútil de Famas sin Cronopios, aun cuando le recordé —me interesaba la otra cara del papel— las palabras de Jorge Luis Borges en el prólogo a *Confabulario*: "Creo descreer del libre albedrío, pero si me obligaran a cifrar a Juan José Arreola en una sola palabra que no fuera su propio nombre (y nada me impone ese requisito), esa palabra, estoy seguro, sería libertad. Libertad de una ilimitada imaginación, regida por una lúcida inteligencia".

Traté entonces de refutar un ángulo del brillante prólogo, referido a un Arreola universalista que "pudo haber nacido en cualquier lugar y en cualquier siglo". Aduje que la localización no restaba sino que por el contrario potenciaba las resonancias de "Hombre de la esquina rosada" de Borges o de "El guardagujas"... Después —tratando de que nos hablara de él— provoqué el nombre de Octavio Paz junto a una cita sobre su coterráneo: "Arreola es un poeta doblado de un moralista y por eso también es un humorista. Los pequeños textos de *Bestiario* son perfectos. Después de decir eso, ¿qué podemos agregar? No se puede añadir nada a la perfección"" Nada, lo único que conseguí, ante la candorosa envidia de Samuel Gordon, fue la promesa de un ejemplar dedicado de *Confabulario*.

Cuba, por supuesto, y sus temporadas en el trópico, sí soltaron su lengua, las anécdotas de 1961 cuando Playa Girón y las de la Crisis de Octubre al año siguiente. Pero enseguida vinieron las preguntas sobre sus amigos, sobre Félix Pita

Rodríguez, que le guardaba una curiosa edición de Francois Villon, no la de P. Levet sino otra del siglo XIX dejada, junto a otros libros, al cuidado de la biblioteca de la Casa de las Américas, a su regreso a México, y que deseaba rescatar... Preguntas sobre Fayad Jamís, sobre Teatro Estudio y los dramaturgos en aquel entonces jóvenes, recuerdos junto a Virgilio Piñera y José Lezama Lima —de cuya voracidad a la mesa nos hablaba como si se tratase de un emperador romano de los que usaban una pluma de ganso para reiniciar el banquete.

Mientras la recreación de su estadía cubana corría por chistes de mulatas y amenazas de invasión, por elogios a los atardeceres naranjas en el Malecón habanero, por la artillería antiaérea que una mañana le sorprendió en La Puntilla, en la margen oeste de la boca del río Almendares..., Samuel Gordon le pidió permiso para tirar unas fotos. Quería dejar constancia del momento en que firmaba la convocatoria para constituir la Asociación de Estudios Pellicerianos, en su calidad de Presidente; donar una ampliación a la Casa-Museo del poeta en Villahermosa. Retratarlo junto a mí para detener el olvido, como le había pedido antes de llegar en su auto, que más parecía cubano porque a cada rato teníamos que parar a echarle agua al desvencijado radiador, cuya humareda era como la estela del Paricutín.

El cuarto de estudio de Arreola era pequeño, rectangular, con la única ventana a la acera, inmediatamente a la derecha de la puerta de la casa. Daba la impresión cierta de que recién lo acondicionaba, como si acabara de llegar. Siempre ignoraré —grato misterio— si la impresión de fugacidad era una voluntad de estilo o realmente la mudada había sido pocos días antes. Unas cajas en el ancho pasillo completaban la escenografía. Y un solo librero semiocupado cubría la pared de la izquierda; detrás de la mesa de trabajo, mueble neoclásico —así se dice cuando uno no sabe bien—, apenas barnizado. Mi manía de bibliófilo pudo identificar a Proust y Valéry, a Villon y Flaubert, algunos diccionarios como el de Cirlot... Creo que estaban varios tomos de *La Pleyade*. Quizás también pasearan por allí Marcel Schwob y Giovanni Papini, Franz Kafka y Edgar Allan Poe —esas referencias que los fuentistas señalan en su obra. Yo no los vi, o no me interesaba verlos, salvo las *Vidas imaginarias*.

Un sofá y otra mesa pequeña. Una puertecita al final del librero que parecía conducir a un baño o a un dormitorio. Y su juguete: la computadora de ajedrez. Excelente aficionado, la había traído con mil apuros de París. Me explicó que tenía tres o cuatro niveles de juego. En el superior le era casi imposible ganar, por eso ideó una trampa al feroz racionalismo analógico: Desconcertarle la memoria con algo inesperado. "Como a las mujeres" —me añadió sonriente, a sabiendas del machismo que cometía. "Le regalas una pieza y ya no saben qué hacer" —añadió. "Porque no están programadas para metabolizar algo insólito, salvo que implique una variante de sacrificio conocida. No conciben lo absurdo, el arte por el arte, las pobres" —concluyó con una mirada quevediana.

Firmó el acta. El flash alumbró. Arañamos su paciencia con otras fotos. Conversamos sobre las perspectivas de la Asociación, sobre la necesidad de que no se perdiera en el embullo de la impronta inaugural, entre demagógicas declaraciones oficiales. La suerte entre altas y bajas, entre incomprensiones y falta de recursos —como sabríamos después— acompañó a las Jornadas, por lo menos hasta 1997. La mañana se nos iba. La picazón no era en los ojos. La contaminación del Valle de México —que Alfonso Reyes llamara la "región más transparente del aire"— no provocaba escozor allí sino en el tiempo, como cuando revuelvo aquel encuentro. El índice de ozono estaba en los minutos. Algunos temas quedarían para la próxima cita, la que no se produciría sino ahora, en estas páginas.

Al salir del estudio, a quemarropa, le pregunté por su mesa de tenis. Enseguida nos llevó, a través de un patio inesperado, hacia un salón en el fondo de la planta. Allí estaba, como retándonos con su maravillosa capacidad de distracción. El duelo quedó pactado para una visita en agosto o para La Habana. Después las palabras se agolparon. Salimos como entramos, como ir a la bodega o abarrote, sin ropa aparente o preparación de frases. Simplemente así, tras más de dos horas de exploraciones, con la brisa de colores que le gustaba a Pellicer, sin magisteriales distancias.

Sabía —Emmanuel Carballo lo había fijado en la memoria con su agudeza de interlocutor perfecto en *Protagonistas de la literatura mexicana*— que Arreola apreciaba en sí mismo la virtud de paladear el idioma, la conciencia angustiosa y placentera de que el arte literario se reduce a la ordenación de palabras. Sabía cómo el centro de su ironía —¿también de su cinismo?— se hallaba en una aparente ingenuidad lúcida y lúdica, de chaqueta infantil allá en Jalisco, memorizando "El Cristo de Temara" del Padre Placencia. Sabía de esa oblicuidad que disfruto en "Mujer amaestrada", en "La vida privada", en "Monólogo del insumiso".

Sus convicciones acerca de que el hombre es el perceptor de la divinidad, porque es capaz de intuir y concebir a Dios, sus filiaciones al Dios de Spinoza (también al soneto de Borges), casi servían para resumir mis intuiciones sobre el filigranista orgulloso de serlo, de fijar los detalles de su percepción del mundo, del prójimo, de sí mismo. El actor legendario —lírico, épico y sobre todo dramático— se abrió entonces y para siempre como un haikú de Tablada.

Sardónicas, terriblemente reales por virtuales, se me aparecieron sus fábulas, la domeñada orgía de palabras casi siempre acompañadas del terror y del afán de aventura, siempre seguras de que lo absoluto es una pequeña pelota entre dos raquetas, sobre una mesa endeble, con una red capaz de jugarnos cualquier pasada al más leve temblor del pulso o pestañeo. Y confabuladamente, con la gracia críptica, sapiencial y oracular, del *I Ching*, de la dualidad y la dialéctica convergente entre ideas o sexos, tras el mito de un andrógino que va dejando la oquedad del ser.

Hombre que declaraba ser "de un pesimismo radical, lleno de optimismos parciales", entre los que están "los placeres de la inteligencia y los placeres de los sentidos"; que consideraba a Borges como el nuevo descubridor de "la dinámica de la sintaxis castellana", me sigue pareciendo un hedonista de un ascetismo que desprecia la cultura enlatada o globalizada, un hombre que prefería degustar un sorbo de

Armagnac o extasiarse con un grumo de legítimo Camenbert, a los placeres toscos de páginas abundantes e inodoras.

La fábula o crónica de aquella mañana de 1988 relee la autobiografía que precediera la edición cubana de sus cuentos. Como en una feria —*La feria*— se deleita con el extrañamiento. Lee: "De hoy en adelante me propongo ser un escritor asequible, y no por el bajo precio que ahora tengo en el mercado, sino por el profundo cambio que opera en mi espíritu y en mi voluntad estilística". Y tras el reto a lo asequible —ese espejismo de la didáctica— lo encuentro de nuevo junto a su amigo Antonio Alatorre, de guardia permanente contra facinerosos y farsantes, lo oigo confesar: "No he tenido tiempo de ejercer la literatura. Pero he dedicado todas las horas posibles para amarla. Amo el lenguaje por sobre todas las cosas y venero a los que mediante la palabra han manifestado el espíritu, desde Isaías a Franz Kafka. Desconfío de casi toda la literatura contemporánea. Vivo rodeado de sombras clásicas y benévolas que protegen mi sueño de escritor. Pero también por los jóvenes que harán la nueva literatura mexicana: en ellos delego la tarea que no he podido realizar. Para facilitarla, les cuento todos los días lo que aprendí en las pocas horas en que mi boca estuvo gobernada por el otro. Lo que oí, un solo instante, a través de la zarza ardiente".

Aquella vieja mañana salimos Samuel y yo a la calle Guadalquivir, al río de autos y de monóxido de carbono. Creo que nos fuimos a la Feria del Libro que se inauguraba en el Palacio de la Minería. Creo que juntos recordamos las líneas finales de esa pieza genial de las letras de habla hispana, de "El guardagujas".

El viejecillo que se disolvía en la mañana era y no era el viejecillo de setenta años que nos acababa de despedir con un breve "Hasta luego". El punto de la linterna era nuestro *Confabulario* imprudente que saltaba al encuentro de Proust en el pequeño estudio rectangular, improvisado. Y "la locomotora se acercaba como un ruidoso advenimiento". Y así caminamos los dos advenedizos, más inquietos por felices.

Hoy camino de nuevo por aquella mañana en la calle Guadalquivir y por las tantas noches en que lo he releído por amor al arte, sin pretensiones de escribir sobre él o aprender sus artificios, por el puro placer de disfrutarlo.

Puebla, 2004 (Publicado en varios sitios)

BORGES, LA OCTAVA NOCHE

> *Las polémicas son inútiles, estar de antemano de un lado o del otro es un error, sobre todo si se oye la conversación como una polémica, si se la ve como un juego en el cual alguien gana y alguien pierde. El diálogo tiene que ser una investigación y poco importa que la verdad salga de boca de uno o de boca de otro.*
>
> Jorge Luis Borges

Alegría y desafío. ¿Cómo imaginarnos sin Jorge Luis Borges (1899-1986), sin el disfrute de sus "extensiones de la memoria y de la imaginación": los retos de una palabra cuyo filo de exactitud y transparencia es un asombro del cual salimos envidiosos y reverentes?

La gratitud relee las conferencias ofrecidas en el teatro Coliseo de Buenos Aires entre junio y agosto de 1977 y ve allí un motivo para testimoniar no que su presencia es inexcusable en las letras contemporáneas –ese lugar común– sino para dar cuenta de algunas enseñanzas, de lo que creo deberle. Si Roy Bartholomew pudo afirmar: "Trabajar con Borges es experiencia invalorable, lección suprema de probidad intelectual, ejercicio constante de modestia y lucidez"; desde otra cercanía sin fanatismos puedo aventurar una octava noche.

Tras "La *Comedia*", "La pesadilla", "*Las mil y una noches*", "El budismo", "La cábala" y "La ceguera", surge un octavo centro de placer y angustia. Las páginas subsiguientes intentarán el azar de un homenaje a través de un puñado de comentarios a las *Siete noches*, publicadas por el Fondo de Cultura Económica de México, en su prestigiosa colección Tierra Firme.

De "La *Comedia*" a "La ceguera" un grupo de sesgos y artificios se desenvuelven, sintetizan una valoración que abre sus puertas al diálogo. Linealmente observados en realidad concurren. Por simple comodidad expositiva los agruparé, arbitrariamente, en "temáticos" y "estilísticos". La escisión se sostiene en sus propias palabras sobre Groussac, que "como todo escritor, escribió dos obras: una, el tema que se propuso; otra, la manera en que lo ejecutó".

Los artificios de "tema" comienzan por su sentido de la duda, por una dialéctica del devenir, como el río de Heráclito que tanto admirara, dentro de su filiación entusiasta a los presocráticos y luego a Sócrates y Platón, que se vería detenida por reticencias –aunque desde luego que sin dejar de admirarlo— ante la lógica y la retórica de Aristóteles, quizás algo esquemática para su flexible modo de analizar, pensar.

Hay en Borges una voluntad de hacer pensar, de obligarte a desatar reflexiones. La sutil presencia fenomenológica de Edmund Husserl y su "variación libre" como método para repensar, como suma de intuición y concepto, alienta a fantasear, a descubrir y construir matices, ángulos apreciativos inéditos. Exactamente lo que la poética de Borges enuncia, como puede leerse en diversas entrevistas y conferencias.

Un poco de fenomenología parece estar también en los experimentos verbales de Borges como interacción entre lo "real" y lo "posible", como bifurcaciones de senderos, ejercicios sofistas, aporías. Sus dos pesadillas, el laberinto y el espejo, al unirse, "ya que bastan dos espejos opuestos para construir un laberinto" –como apunta allí--, reflejan no solo la angustia del devenir, sino lo provisorio de cualquier apreciación o análisis.

Allí –en la conferencia sobre "La pesadilla"– dice: "Podemos derivar dos conclusiones, al menos durante el transcurso de esta noche, ya después cambiará nuestra opinión". Una cita de san Agustín enlaza la duda y el tiempo, el agnóstico Borges la recuerda con agrado: "¿Qué es el tiempo? Si no me lo preguntan, lo sé; si me lo preguntan, lo ignoro". Porque se trata, además, de que "en cada uno de nosotros hay una partícula de divinidad"; porque –como dijera Bernard Shaw– "Dios está haciéndose"; porque si de algo está seguro Borges es de la "extraña ironía de los hechos".

Leer a Borges es alimentar un sentido constructivo de la polémica como indagación libre, sin personalizar los puntos de vista en el sentido de que el disentimiento se tome como ofensa. Una cientificidad y rigor investigativo que tienen en la duda metódica –y no sólo en su versión cartesiana–el axis de una actitud ante la vida, ante la cultura. En "La *Comedia*", por ejemplo, zarandea la injusta y trillada imagen de la Edad

Media "tan calumniada y compleja que nos ha dado la arquitectura gótica, las sagas de Islandia y la filosofía escolástica en la que todo está discutido".

De la misma especie temática –como parte de su voluntad por hacer pensar--, se encuentra la idea del instante, magníficamente plasmada en cuentos como "El Aleph". "Presentar un momento como cifra de una vida", propósito que le elogia a Dante, es también su signo, que podría llamarse *sino*. Aunque expresado curiosamente en un lenguaje un tanto apodíctico, convenimos en que "Cada uno se define para siempre en un solo instante de su vida, un momento en el que un hombre para siempre consigo mismo". Aunque quizás no sea tan así, sino más bien una suma-resta aleatoria de instantes, el valor que Borges le otorga a los "momentos" es sencillamente espléndido, como espléndidas son las aporías a las que tanto amor muestra el autor de "La fugitiva".

La especulación como espectáculo, como forma desenfadada de contemplar y de mirar según su étimo de acechanza y observación, tal vez sea la enseñanza de "tema" más deliciosa que nos ha legado Borges. Entre cientos de ilustraciones –poemas fuertes, como "El otro tigre", "Heráclito" o "Las causas"—baste mencionar una en la conferencia *Las mil y una noches*": "Sospecho que el encanto de las fábulas no están en la moraleja. Lo que encantó a Esopo o a los fabulistas hindúes fue imaginar animales que fueran como hombrecitos, con sus comedias y sus tragedias". Allí mismo declara con ironía, otro de sus dones esenciales: "Es sabido que la cronología, que la historia existen; pero son ante todo averiguaciones occidentales".

Tales especulaciones, tales puntos de observación no necesariamente conducen al asentimiento. Uno de lo errores es suponerle a Borges un deseo de unanimidad. Nada más extraño a su raigal escepticismo. En la breve "Introducción" a las conversaciones con Osvaldo Ferrari —*Borges en diálogo*— dice convincentemente: "El deber de todas las cosas es ser una felicidad; si no son una felicidad son inútiles o perjudiciales. A esta altura de mi vida siento estos diálogos como una felicidad". Y agrega contra cualquier sospecha magisterial, contra tanto pedante monolito: "Las polémicas son inútiles, estar de antemano de un lado o del otro es un error, sobre todo si se oye la conversación como una polémica, si se la ve como un juego en el cual alguien gana y alguien pierde. El diálogo tiene que ser una investigación y poco importa que la verdad salga de boca de uno o de boca de otro. Yo he tratado de pensar, conversar que es indiferentes que yo tenga razón o que tenga razón usted; lo importante es llegar a una conclusión, y de qué lado de la mesa llega eso, o de qué boca, o de qué rostro, o de qué nombre, es lo de menos". Huelgan comentarios. Tal vez agregar que también la conclusión a la que se arriba es provisoria, volandera por el mismo sentido impersonal que la forma. Y otro error sería pegarle el membrete relativista. Sí se arriba a una conclusión, pero no dogmática, sin otorgarle infalibilidad, sin olvidar que está sujeta a cambios.

Otro signo conceptual o ideológico –de "contenido"— se halla en el deslinde entre lo singular y lo plural, en beneficio de lo individual. "El pescador no se acerca al mar, se acerca a un mar" –dice en *Las mil y una noches*". Y en "La

Comedia": "Quiero confiarles, ya que estamos hablando entre amigos, y ya que no estoy hablando con todos ustedes sino con cada uno de ustedes". La última de las *Siete noches* la inicia afirmando: "En el decurso de mis muchas, de mis demasiadas conferencias, he observado que se prefiere lo personal a lo general, lo concreto a lo abstracto". Parece acertada esta distinción, esta preferencia. Bien sabia es la intención de romper con un concepto de auditorio o de público que en la suma informe resta, deja fuera, al individuo. Las implicaciones de ello llegan hasta el severo bisturí de Elías Canetti en *Masa y poder* –ese libro clave del siglo XX. Un rechazo a absurdas pero reales demagogias transparentan las declaraciones del autor de "El Sur" –ese cuento de siete escasas y enormes cuartillas.

La flor ausente de todo ramillete –aquel cliché escolar— no ha perdido pertinencia. Mucho ha sufrido, delirantemente, en boca de los manipuladores de multitudes, sin olvidar los favores obtenidos de la electrónica para lograr mayor homogeneidad... Borges sabe que nunca serán muchas las advertencias contra los depredadores del hombre. No hay que recordar al fascismo o al estalinismo –o sí— para metabolizar el aviso a favor del respeto a lo singular, a los derechos de cada ser humano en particular. Lo que desde luego no excluye una pluralidad donde los derechos sí deben ser comunes, sin las desigualdades y corrupciones que parecen, de tan antiguas, que son endémicas.

¿Podría pensarse en la creación artística y literaria sin un vigoroso sentido de individualidad, que aunque de estirpe romántica es concreto sin abstracciones, singular sin pluralidades demagógicas? ¿Quién no recuerda a algún

156

político cuando apela a lo que llama "pueblo"? ¿Cuántas perversas sinécdoques –el todo por la parte y viceversa– padecemos a diario en los medios, en la publicidad? ¿Cuántas generalizaciones no nos tratan de acarrear hacia un mitin donde pasamos de personas a números?

Otras dos enseñanzas de carácter "temático" como puente a las de "estilo" –separación, insisto, que sólo se hace por comodidad exegética--, antes permiten reiterar que el afán es caracterizador, sin aburridas complacencias ajenas al espíritu de Borges, sin unanimidades-unanimiedades.

La primera es la sustentación del hedonismo artístico y estético, contra Hegel y sus discípulos marxistas y positivistas. Su defensa es bien útil ante la inflación pragmática y cientificista, ante los tics semióticos. Borges no vacila en hacernos partícipes de una confidencia clave: "De mí sé decir que soy lector hedónico: nunca he leído un libro porque fuera antiguo. He leído libros por la emoción estética que me deparan y he postergado los comentarios y la crítica". Más adelante, al final de la misma conferencia sobre Dante, reitera: "...yo soy un lector hedónico, lo repito: busco emoción en los libros".

En la excelente disertación sobre "La poesía" vuelve a ser muy contundente sobre este aspecto decisivo de la estética y de las valoraciones artísticas. Dice: "Creo que la poesía es algo que se siente, y si ustedes no sienten la poesía, si no tienen sentimiento de belleza, si un relato no los lleva al deseo de saber qué ocurrió después, el autor no ha escrito para ustedes. Déjenlo de lado, que la literatura es bastante rica para ofrecerles algún autor digno de su atención, o indigno hoy de

157

su atención y que leerán mañana". En la misma conferencia, casi al final, vuelve a rondar la idea: "Tengo para mí que la belleza es una sensación física, algo que sentimos con todo el cuerpo. No es el resultado de un juicio, no llegamos a ella por medio de reglas, sentimos la belleza o no la sentimos".

Por encima de cierta absolutización, ya que la programación genética se ve enriquecida o empobrecida por las clases de experiencias que se acumulan en cualquier vida, es decir, por las posibilidades y azares que se presentan – desde un maestro hasta la familia, desde un plato de comida hasta un libro, desde una guerra hasta una enfermedad...--; lo cierto es que tal hedonismo es imprescindible a la apreciación artística, aunque sus modulaciones sean individuales.

Los sectarismos estructuralistas con su aparataje importado de la lingüística --los excesos franceses y afrancesados-- no poco han influido en el resquebrajamiento del lector –de aquel "lector común" que tanto quisiera Virginia Woolf.

El fantasma del impresionismo aún se ve con terror, sobre todo a partir del dramático desplazamiento de la "bohemia" hacia los "campus"... Para no insistir en aberraciones flagrantes como la de especialistas en Borges que apenas lo han leído, disfrutado, mientras "dominan" su bibliografía indirecta, acumulan miles de referencias que saben actualizar con paciencia de relojeros y alma de verdugos.

Exagera el escritor argentino cuando dice que "hay personas que sienten escasamente la poesía; generalmente se dedican a enseñarla". Pero el reto de enseñarla, similar al de la crítica en muchos aspectos, no puede prescindir de la maltratada "emoción estética". No puede olvidar que manipula objetos artísticos, obras de arte, no documentos políticos, actas notariales, avisos en la prensa, cartas comerciales, artículos inormativos, informaciones económicas... Las culpas de los historiadores y sociólogos, tanto como la de lingüistas y psiquiatras metidos –con todo derecho, desde luego– a críticos literarios, no está en sus disciplinas, que son –no se discute– útiles y necesarias: complementarias de la valoración estética; sino en olvidar muchas veces el placer de leer. Baste referir la argumentación a los congresos anuales de LASA (Latin American Studies Association), donde muchas ponencias desconocen –no pueden olvidar porque nunca lo leyeron– las palabras de Robert Louis Stevenson: "El encanto es una de las cualidades esenciales que debe tener el escritor. Sin el encanto, lo demás es inútil".

El último de los apuntes de lo que arbitrariamente he llamado "tema" es su elogio de la tolerancia. La conferencia sobre "El budismo" desenvuelve una admiración hacia las flexibilidades de la doctrina oriental. En ella dice: "La tolerancia del budismo no es una debilidad sino que pertenece a su índole misma". Y agrega que "no ha recurrido nunca al hierro o al fuego, nunca ha pensado que el hierro o el fuego fueran persuasivos". Doctrina cuya sabiduría reconoce la vejez, la enfermedad y la muerte; pero que sólo concibe el ascetismo "después de haber probado la vida", Borges no oculta su simpatía hacia el budismo, lo mismo que su radical antipatía frente a las que llama religiones del desierto, frente a credos que tilda de seudomasoquistas, sacrificadores del presente, empobrecedores del *karma*, de esa "finísima estructura mental" que mediante ejercicios –*zatori*– nos libera de la *zen* –de los sufrimientos– y nos conduce al *nirvana* --isla de salvación.

Del sentido de la duda y del tiempo, del instante como río, de la especulación sin unanimidades, de las apreciaciones del *yo* y del *nosotros*, del hedonismo y la tolerancia, se sale henchido, alimentado de un espíritu cuyas aristas quizás se resuman en una afición permanente a la ironía que hace palidecer –no olvidar– al Borges otro; al que Pedro Orgambide reprocha "su devoción por lo militar", sus constantes *boutades* políticas. Algunas, sin embargo, de una puntería envidiable, deliciosamente caracterizadoras –burla en ristre-- de los juicios típicos de la entonces todavía mundialista *izquierda caviar*; y la latinoamericana *izquierda mojito*, que hoy –tras agotarse–cuando no llega el hielo los limones no tienen zumo, la hierbabuena está seca o al ron le echaron agua...

La paradoja, que él tanto exaltara como signo de pensamiento activo, lo convierte en su *cifra*. *Cifra* que lamentablemente no puede obviar cómo Borges en algunos momentos de su vida se declaró simpatizante de autocracias; que Orgambide vincula con el culto al coraje, a una "autoridad" donde nombres de militares como el Videla argentino o el Pinochet chileno, manchan la estampa del librepensador. Contradicen, desde luego, su lucidez.

Las ambigüedades, tan cómodas y tan cómplices, se resuelven políticamente en su cinismo político, aunque se

160

sabe que fue víctima de Perón, de su populismo y demagogia. Reírle un chiste es inevitable –como cuando el conflicto de las Malvinas, que pidió entregárselas a Bolivia, para que tuviera salida al mar--, pero sin que la gracia expresiva vele nuestra fobia a totalitarismos. Los desaparecidos no son una aporía, un acto de ingenio.

Sin embargo, Borges comprende muy bien –de ahí la contradicción entre su simpatía hacia los gobiernos duros de derecha y su porosidad agnóstica--, lo circunstancial y lo azaroso. De ahí --desde su precisión para la cita-- que recuerde estas espléndidas, memorables palabras de Browning: "Cuando nos sentimos más seguros ocurre algo, una puesta de sol, el final de un coro de Eurípides, y otra vez estamos perdidos".

Las turbulencias del ideario político de Jorge Luis Borges encarnan un fenómeno de hondas resonancias. El repudio de muchos intelectuales a demagogias, burocracias y panfletos, unido a la afición imprescindible hacia el esplendor verbal, también se relaciona con la idea del escritor como *conciencia crítica* de la sociedad; que tiene su antítesis –con gradaciones infinitas entre uno y otro— en el escritor como amanuense o asalariado... Entre ambos extremos o paradigmas no hay que hacer –como hacen los monjes budistas— un "continuo ejercicio de irrealidad". Al menos en los países latinoamericanos, expoliados por realidades tan contundentes como la desigualdad social y la corrupción; donde muchos intelectuales reciben "disparos en la barriga" –según dicen que aconsejaba Porfirio Díaz.

Un sesgo ético puede recrear, quizás en consecuencia, la maravilla de Browning. La inseguridad que nos depara una puesta de sol o un coro de una tragedia griega, el sobresalto conmovedor ante la filosofía y ante la belleza embargantes, que nos pierde en la magia enigmática del tiempo y de la creación, puede tener un amanecer teleológico... José Martí –a pesar de tanta manipulación, de tanta cita difusa— podría encarnar ese ideal ético de justicia, tan sobrecogedor como el más hermoso de los atardeceres o el más tembloroso de los versos. Aunque parezca ridículo.

Al entrar en los sesgos de *estilo* –separación que también obedece a la comodidad expositiva— las enseñanzas de Borges también son fértiles. ¿Cuál narrador de hoy, en cualquier lengua, puede dejar de disfrutar el prólogo a *Elogio de la sombra*, donde dice: "El tiempo me ha enseñado algunas astucias: eludir los sinónimos, que tiene la desventaja de sugerir diferencias imaginarias; eludir hispanismos, argentinismos, arcaísmos y neologismos; preferir las palabras habituales a las palabras asombrosas; intercalar en un relato rasgos circunstanciales, exigidos ahora por el lector; simular pequeñas incertidumbres, ya que si la realidad es precisa la memoria no lo es; narrar los hechos (esto lo aprendí en Kipling y en las sagas de Islandia) como si no los entendiera del todo; recordar que las normas anteriores no son obligaciones y que el tiempo se encargará de abolirlas".

El artificio primero de *estilo* es su amor a la palabra. En el prólogo a *El oro de los tigres*, escrito a los setenta y tres años, dice: "Un idioma es una tradición, un modo de sentir la realidad, no un arbitrario repertorio de símbolos". El gusto a la palabra comienza por las etimologías. Borges, conocedor de varias lenguas, las supo hurgar con agudeza y deleite. Su divagación por "La pesadilla" lo lleva a *nightmare*, "la yegua de la noche" y al demonio; nos lleva a "alfil", que en árabe significa "elefante" y tiene el mismo origen que "marfl"; nos lleva a "yoga" y "yugo" como disciplina, a luna: la candorosa *selene* griega , la pausada *moon* inglesa, la menos feliz *lua* del portugués, la francesa y misteriosa *lune*; nos lleva a la palabra "clásico", cuyo étimo latino *classis* significa "fragata", "escuadra", por lo que "un libro clásico es un libro ordenado".

Virtuoso trabajador de palabras, su causa y efecto, su razón de ser está en ellas. Se hace sinestesia, las huele y palpa, saborea. En "La ceguera" el oído –su sentido de la oralidad del texto— se solaza con un color: "escarlata", que "tiene tan lindos nombres en muchos idiomas. Piénsese en *scharlach* en alemán, en *scarlet* en inglés, en el español *escarlata* y en el francés *écarlate*. La misma sobrecogedora conferencia "sonriente y valerosa" ante su propia ceguera progresiva, relata su experiencia al estudiar el anglosajón: "Ocurrió lo que siempre ocurre cuando se estudia un idioma. Cada una de las palabras resalta como si estuviera grabada, como si fuera un talismán. Por eso los versos en un idioma extranjero tienen un prestigio que no tienen en el idioma propio, porque se oye, porque se ve cada una de las palabras: pensamos en la belleza, en la fuerza, o simplemente en lo extraño de ellas". Y sobre otro gran ciego –James Joyce—dice: "Ha dejado parte de su vasta obra ejecutada en la sombra: puliendo las frases en su memoria, trabajando a veces una sola frase durante todo un día y luego escribiéndola y corrigiéndola".

163

Tal veneración al verbo como condición primera del escritor no necesita comentarios. Los testimonios de Borges son abrumadores y sin manuales mandones, con un juego al prontuario que comienza en sus poemas, cuentos, ensayos... Lo curioso es que tales enseñanzas son de una enorme resonancia, mucho más sutil que la dejada por otros grandes escritores, y desde luego que la dejada por la mayoría de sus coetáneos en cualquier lengua. Quizás una explicación la da él mismo cuando dice: "He renunciado a las sorpresas de un estilo barroco; también a las que quiere deparar un final imprevisto. He preferido, en suma, la preparación de una expectativa o la de un asombro" –según afirma en el prólogo a *El informe de Brodie*. A los amigos de rastrear intertextualidades, los que antiguamente se llamaban fuentistas, cazadores de influencias, les resulta muy difícil precisar –salvo plagios más o menos cercanos— las presencias de Borges en algún escritor. Sólo podrían dar cuenta de un modo general, como algo omnipresente en la atmósfera. Y de ahí la singular grandeza de su legado expresivo.

Parte de la herencia estilística se halla en la idea bien fundamentada de que la poesía y la prosa –indistintamente— tienen una eufonía cargada de significados, hasta los valores del silencio o pausa. En *Siete noches* reitera que "el lenguaje es una creación estética"; idea nada original –recordemos, por ejemplo, al genial napolitano Giambattista Vico--, pero que en su obra adquiere delicias aderezadas por su enorme y bien escogida memoria, como cuando en "La poesía" recuerda una hipálage de Carducci: "El silencio verde de los campos"; o un verso genial de Virgilio: *"Ibant oscuri sola sub nocte per umbra"* ("Iban oscuros bajo la solitaria noche por la sombra").

Otra parte está en su aversión a las retóricas, en el sentido de un cuerpo de artificios que bloquean la comunicación al remitirse sobre ellos mismos, es decir, a un tipo de retórica distinta a la suya. Lo que le impulsa a citar a Séneca, Quevedo, Milton y Lugones. Dice: "El hecho de una retórica que se interpone es desgraciadamente frecuente. La retórica debería ser un puente, un camino; a veces es una muralla, un obstáculo". Detrás de sus prejuicios contra el arte barroco, y de la prejuiciada relación de autores que cita, hay sin embargo una sabia moraleja, sobre todo para prevenir obsesiones estilísticas, muletillas disfrazadas de figuras de dicción o de pensamiento. La crisis del logicismo gramatical no nos puede llevar a hipertrofiar lo que en glosemática – según Hjelmslev– se considera lengua. Tal "sistema de figuras que pueden ser usadas para construir signos" –se infiere-- no debe lexicalizarse, aunque a la larga el uso haga inevitable la lexicalización, melle los filos, elimine las sorpresas.

En el aspecto sintáctico también leer a Borges nos entrega enseñanzas grávidas. Entre la elipsis y la reiteración hay un arte que el investigador de las *Antiguas literaturas germánicas* maneja con sagacidad casi inigualable. El paralelo con maestros del idioma que él reconoce, como Alfonso Reyes y Pedro Henríquez Ureña; o con otros que no nombra, quizás a causa de ser más jóvenes que él, como Octavio Paz o Julio Cortázar, lo sitúa entre los más destacados autores de prosa ensayística –y de ficción, claro está– en la historia del idioma.

Aparte de ser un relevante poeta –no sólo vinculado al ultraísmo--, también decisivo en el ámbito hispanoamericano; zona de su obra a la que he dedicado otro estudio, en *No leas poesía* (Ed. LunArena, México, 2007), donde me complazco en estudiar la estremecedora grandeza del mejor de los dos sonetos que dedica a Spinoza. El que comienza: "Las traslúcidas manos del judío / labran en la penumbra los cristales"...

La valoración de este haz de artificios que sustentan la calidad impar de su sintaxis, va desde el uso de los signos de puntuación, donde se otorga a cada uno no sólo la pausa exacta sino la distinción precisa, el matiz de separación que decide poner una coma y no un punto... Hasta la difícil apariencia de sencillez, alcanzada con una coherencia impresionante. Guardo el recuerdo de un estudio con mis alumnos de Arizona State University –el verano de 2013— donde tratamos de ver opciones en el cuento "La fugitiva". Apenas encontramos tres posibilidades distintas a las utilizadas por él. Un curso sobre la prosa de Borges parece más grávido que uno de redacción...

Apunto al azar algunas ilustraciones que sustentan la afirmación precedente. Obsérvese el proceso de la frase: "En todo caso estoy hablando en mi nombre y en el nombre de mi padre y de mi abuela, que murieron ciegos; ciegos, sonrientes y valerosos, como yo también espero morir". Obsérvese nada más el uso de la conjunción copulativa y la repetición de palabras.

Véase ahora la impresión –el truco o artificio— de ir rectificando irónicamente, como si fuera lo mismo: "Este

(Aristóteles) acaba de publicar su *Metafísica*, es decir, de mandar hacer varias copias". Obsérvese el iceberg etimológico agazapado detrás del adverbio modal, aludido como una simple interferencia o digresión rápida: "Mientras no abrimos un libro, ese libro, literalmente, geométricamente, es un volumen, una cosa entre las cosas". Obsérvese en el siguiente ejemplo cómo produce la sensación de estar reparando su pensamiento, de estar reflexionando al instante, rápidamente, gracias a la conjunción disyuntiva y a la posposición de la referencia conocida: "Ustedes recordarán *Der Untergang des Abendlandes*, es decir, "la ida hacia abajo de la tierra de la tarde", o, como se traduce de un modo más prosaico, *La decadencia de Occidente*. Véase ahora cómo cuando quiere dar la impresión conclusiva apela al orden sintáctico regular, sin gota de hipérbaton, con la coma sustituyendo verbos, apurando la sentencia: "Los sueños son el género; la pesadilla, la especie. Hablaré de los sueños y, después, de las pesadillas". Obsérvese cómo sabe apelar barrocamente — olvidando sus propias animadversiones— al adjetivo antepuesto, dándole a los calificativos un valor subjetivo, emocional, carentes de determinación: "(Dios) ve todo eso en un solo espléndido, vertiginoso instante que es la eternidad". Obsérvese cómo es dueño de la repetición de palabras, con lo que no sólo se burla de los manuales de redacción sino que muestra su sentido de las gradaciones: "Paul Claudel ha escrito en una página indigna de Paul Claudel". Y este otro ejemplo: "Además, hablaría con sombras (sombras de la Antigüedad clásica)".

Se me escapan –ya sin distinciones arbitrarias entre artificios de "tema" y de "estilo"– muchas enseñanzas, infinidad de incitaciones al pensamiento, al lenguaje. Releo las *Siete noches* y encuentro un nuevo puñado. Hallo el truco de lo confidencial, que pronunció bajando la voz: "Yo estaba empleado en una biblioteca de Almagro", donde el cuento, en primera persona, logra la familiaridad con el auditorio. Refuto que "un verso bueno no permite que se lo lea en voz baja, o en silencio". Aprendo que la sabiduría del verso final del Canto Quinto del *Infierno*, *"e caddi come corpo morto cade"*, está en la repetición de la palabra "cae". Reflexiono con él: "Bradley dijo que uno de los efectos de la poesía debe ser darnos la impresión, no de descubrir algo nuevo, sino de recordar algo olvidado". Comprendo que es "casi incapaz de pensamiento abstracto" y que por ello se apoya continuamente en "citas y recuerdos"...

"La octava noche" –mis lecturas de Borges– quisiera haber podido conocerlo, como otros cubanos que tuvieron esa suerte –Virgilio Piñera, José Rodríguez Feo, Orlando Rodríguez Sardiñas...--, tomar café o mate juntos, entre mapas y tipografías del siglo XVIII. Conversar sobre la prosa de Stevenson, los relojes de arena, las etimologías. Saber cuánto de verdad y de mentira baila en torno a su "escepticismo esencial". Otras inquisiciones, nuevas relecturas, me aguardan. Sé de su obra lo mismo que él dijo de la *Comedia*, que "me ha acompañado durante años" y que "mañana encontraré cosas que no he encontrado hasta ahora".

El mapa de Borges – como ha dicho Julio Ortega– también lo forma la crítica sobre Borges. Ella "desarrolla su existencia intelectual, diseña el ámbito de su aventura creadora y, en fin, da cuenta de su radical renovación del arte literario". Sin embargo, no he tratado de transitar aquí por los ámbitos de sus recepciones, de esas más de cuarenta inquisiciones que lo han potenciado o silenciado... La intención –sencilla– era ordenar una lectura, tan personal como cualquier otra.

Por eso voy veinticinco años atrás. Cuando Emecé Editores me permitió leer sus *Poemas*, con aquella dedicatoria cuya sabiduría estremece siempre: "Si las páginas de este libro consienten algún verso feliz, perdóneme el lector la descortesía de haberlo usurpado yo, previamente. Nuestras nadas poco difieren; es trivial y fortuita la circunstancia de que seas tú el lector de estos ejercicios, y yo su redactor".

Regreso al primero de los textos de *Discusión* –"La poesía gauchesca"--, que tanto me preparara para editar, anotar y prologar la primera edición cubana del *Martín Fierro*, publicada por la Casa de las Américas. Y vuelvo a leer "Arte poética", porque el encabalgamiento de un endecasílabo ha escapado de mis recuerdos:

> Cuentan que Ulises, harto de prodigios,
> lloró de amor al divisar su Ítaca
> verde y humilde. El arte es esa Ítaca
> de verde eternidad, no de prodigios.
>
> También es como el río interminable
> que pasa y queda y es cristal de un mismo
> Heráclito inconstante, que es él mismo
> y es otro, como el río interminable.

Un género de sueño, especie de alucinación, de antigua actividad estética, me trajo hace décadas la imagen de Borges apoyada en mi brazo, que subía una escalera hacia el imaginario apartamento de José Lezama Lima en la habanera calle Trocadero. Lezama abrió la puerta. Se saludaron con afecto. Pasaron entonces a la sala. Que sí era, exactamente, la sala de Lezama en Trocadero 162, bajos, izquierda.

Cuando la conversación se iba a iniciar todo comenzó a nublarse, interrumpirse, navegar. Como el sueño que Ludwing Tieck tuvo alguna vez, y cuya impresión recordara y añorara siempre, así espero aún la continuación del diálogo – que imagino irónico, mordaz y desde luego sabio— entre los dos gigantes tan distintos de nuestras letras. Como si los dos juntos formaran una paradoja enigmática, otro laberinto.

Última lectura, Phoenix, 2013

ONETTI EL BRUJO

Las hechicerías de Juan Carlos Onetti tal vez tengan su imán en la palabra atmósfera. El compuesto culto de los sustantivos griegos atmós ("vapor") y sphaira ("esfera"), quizás arrime a felicidad en el puerto del mayor de los narradores uruguayos.

El riesgo puede lanzarse hacia una afirmación: considerar su obra como el máximo sintagma de las letras hispanoamericanas en el logro de las traducciones de atmósfera, es decir, en la creación de ambiente, de un ámbito psicológico y social, físico y espiritual que nos rodea y cerca. Sus presencias artísticas en las novelas y cuentos de Onetti son elocuentemente magistrales, aunque sean rechazadas por significativos sectores, aunque se singularicen en opresiones, a la vera del existencialismo, que corroen y deterioran, casi asfixian.

Algunos saneamientos de atmósferas contaminadas nos parecen imprescindibles antes de entrar en la atmósfera de Onetti. Rápidamente apuntemos ciertos malentendidos: confundir la ambigüedad con un arte a modo de espejo de doble fondo; porque la literatura –a veces nos olvidamos– puede mostrar lo que se ve y lo que no se ve pero está.

Además: Negar la sugerencia que se apoya en una férrea economía de indicios; pensar que los detenimientos descriptivos, a veces muy extensos, restan fuerza al relato; vincular mecánicamente la fragmentación de caracteres con una concepción escéptica del ser humano... También negarle una bondad última a su obra. Y no porque él mismo le declarara a María Esther Gilio: "No, mi literatura es una literatura de bondad. El que no lo ve es un burro". Declaración que bien pudo ser humorística o de autoengaño consciente. Sino por lo que José Emilio Pacheco en "El tema de Onetti es la caída", resume con exactitud al decir: "La tensión de sus mejores páginas quizá se engendre en la discordia que se establece entre la lobreguez y la ternura".

En un plano más general también es útil desbaratar equívocos. La narrativa de Onetti muestra que Alvaro Barros-Lémez, en su ensayo "La larga marcha de lo verosímil: narrativas uruguaya del siglo XX", no tiene razón cuando afirma que "la historia de la cultura latinoamericana es la de la lucha constante contra el sofocamiento y la copia vil". Tal desafío, por supuesto, refuerza la noción de dependencia al sólo partir de una óptica de literatura comparada. Sin excluir la idea de originalidad o los imprescindibles estudios *fuentistas*, no considero pertinente una valoración de la obra de Onetti cuya premisa ineludible sea William Faulkner, aunque se sabe todo lo que le debe al poderoso escritor sureño, admiración e intertextualidades que nunca negó; o Albert Camus, Franz Kafka, Henry James...

La "trama visible de un cuadro general de represión ejercida con saña y constancia" que constituye el orbe expresivo de Onetti --como sí dice bien Barros Lémez-- exige un campo semántico mucho mayor e integral que la ingenua autonomía frente a otros textos.

En una entrevista en Caracas el propio Onetti se encarga de dirimir el equívoco que más frecuentemente ha padecido. Dice: "Así como el hombre ante circunstancias diversas asume posiciones diversas y maneras de solucionar sus conflictos también diversas, de la misma manera ocurre en la literatura. El escritor debe enfrentarse a cada tema de una manera nueva". Y en el diario *Marcha* de Montevideo había declarado: "El escritor escribirá porque sí, porque no tendrá más remedio que hacerlo, porque es su vicio, su pasión y su desgracia". No es difícil suponer que esa autenticidad creadora sólo le otorga un valor secundario a intertextualidades más o menos curiosas, más o menos cosmopolitas.

, "El infierno tan temido" --ese cuento genial-- nos proporcionará las ilustraciones, los argumentos, para una flecha hacia el intento de caracterizar los procesos de creación de atmósfera como signo básico de su escritura. El embrujo de Onetti tiene en esta pieza todo el patetismo que lo define, todos los artificios que lo singularizan.

Intentemos una paráfrasis, aderezada de citas y comentarios, de "El infierno tan temido". El periodista Risso, cronista de carreras de caballos, "estaba golpeando la máquina un poco hambriento, un poco enfermo por el café y el tabaco, entregado con familiar felicidad a la marcha de la frase y a la aparición dócil de las palabras", cuando recibe una carta en la que venía una foto, presumimos que pornográfica, donde su exmujer se regodea con un desconocido: "Era un foto parda, escasa de luz, en la que el odio y la sordidez se acrecentaban en los márgenes sombríos, formando gruesas franjas indecisas, como el relieve, como gotas de sudor rodeando una cara angustiada". Obsérvese cómo Onetti, al

173

regodearse en detalles como el café y el tabaco y la foto, va conformando expresamente ("enfermo", "odio", "sordidez", "sombrío", "angustiada") un clima opresivo, un campo semántico forjador de expectativa: la inminencia de algo terrible, pero dada a través de la descripción y no de acciones inconclusas o de enigmas. El único calificativo "bondadoso" es "dócil", referido a la aparición de las palabras. Pero tal docilidad sólo se le da a un redactor asalariado de crónicas deportivas, a un simple utilizador de palabras; por lo que lejos de mitigar la atmósfera más bien la resalta por antítesis. Entonces surge el centro argumental, pegado a la descripción de la foto, como restándole relieve mediante un simple punto y seguido: "Vio por sorpresa, no terminó de comprender, supo que iba a ofrecer cualquier cosa por olvidar lo que había visto". La premonición es certeza: el lector ya está dentro de la trama, ya el "estilo", el puñal expresivo lo ha atrapado. Puede romperse la ilación, iniciarse la retrospectiva: el monólogo que conduce la omnisciencia cómplice, metida dentro de Risso.

Vamos hacia cuando Risso se casó con la actriz Gracia César , pero antes se nos dice que estamos en Santa María, el mítico pueblo de Onetti, donde el personaje es viudo con una hija en casa de la abuela materna; donde Risso mantiene la rutina del sábado en el prostíbulo de la costa, pero donde sobre todo está la caracterización a partir de detalles, de "un brillo, el de los ojos del afiche, (que) se vinculaba con la frustrada destreza con que él volvía a hacerle el nudo a la siempre flamante y triste corbata de luto frente al espejo ovalado y móvil del dormitorio del prostíbulo". La siembra

174

casi imperceptible a una primera lectura, se hace evidente: "frustrada", "luto", "prostíbulo"...

Inmediatamente, reforzada la atmósfera opresiva, nos dice que se casaron, nos dice que llega la segunda foto desde Asunción. A diferencia de la primera, enviada desde Bahía, en la noche de reflexión de esta segunda foto "pensó que podía comprender la totalidad de la infamia y aun aceptarla. Pero supo que estaban más allá de su alcance la deliberación, la persistencia, el organizado frenesí con que se cumplía la venganza".

Esa misma "persistencia" es la que caracteriza, gota a gota, la estructura del relato. El juego temporal puede ahora desencadenarse, armarse como un rompecabezas donde lo esencial es la pesadilla que ha comenzado a estallar, que el narrador dosifica exasperantemente, a granos de indicios que poco a poco suben la línea del proceso épico.

Entre los veinte años de Gracia, que llega al matrimonio virgen, y los cuarenta de un Risso aún en pleno vigor, rompe el frenesí erótico: "Pero no era ella quien lo imponía, Gracia César, hechura de Risso, segregada de él para completarlo, como el aire al pulmón como el invierno al trigo". La reconstrucción es en realidad psicológica. El clímax es el cuento íntegro, no la zona del desenlace, no un párrafo decisivo que se va preparando. Parece que el arte narrativo de Onetti consiste en que sin violar las convenciones generales que la tradición le impone al género, logra desarticularlas mediante una estructura aditiva que tiene en la parsimonia su mejor ironía.

En la tercera foto, también desde Paraguay, Gracia aparece sola. La adición no nos llega en el acto de romper la foto, sino en una oración copulativa, adosada, minimizada: "Y supo que le sería imposible mirar otra y seguir viviendo". Ya el lector sabe el final, ya el narrador que aparencialmente se extraña del personaje se vuelve su imaginación, su atormentado sueño despierto: "Y después de la casi siempre fácil convicción, pensando en Risso o dejando de pensar para mañana, cumpliendo el deber que se había impuesto, disponía las luces, preparaba la cámara y encendía al hombre".

La escena de Gracia antes de cada foto argumenta el recibo, retroalimenta los datos sobre el estado anímico de Risso. Como prueba de que a Onetti no le interesa el *qué* sino los *cómo* en función caracterizadora de situaciones, se adelanta de manera obvia la noticia: el suicidio. Los últimos *porqué*, el clima en que sobreviene el desenlace, serán el factor de curiosidad. Por ello vuelve a la retrospectiva para completar las causas de la separación. Gracia se ha pasado cincuenta y dos días de gira teatral en El Rosario, allí tuvo una relación con un desconocido, que le cuenta a Risso como acto de lealtad, como dándole un simple valor animal... Pero el cuento es en la cama y Risso le exige detalles, le pide que se desnude... Entonces ni consuma la relación sexual ni vuelve con ella. Divorcio y asco, machismo y tabúes se unen: la venganza de las fotos encuentra su antecedente en aquella humillación que sufre Gracia César. La superposición temporal retorna, pero no a narrar nuevos sucesos sino a profundizar en el ánimo, en la caracterización no del personaje sino de las situaciones: "Sin permitirse palabras ni pensamientos, se vio forzado a empezar a entender; a confundir a la Gracia que buscaba y elegía hombres y actitudes para las fotos, con la muchacha que había planeado, muchos meses atrás, vestidos, conversaciones, maquillajes, caricias a su hija para conquistar a un viudo aplicado al desconsuelo, a este hombre que ganaba un sueldo escaso y que sólo podía ofrecer a las mujeres una asombrada, leal, incomprensión".

Obsérvese cómo Onetti invierte la fluencia de información, la matiza en busca de justificaciones a la actitud de Gracia. Ello es imprescindible a un texto donde lo esencial no es nunca el suceso, la acción, el acontecimiento. Para mayor verificación llegan las dudas: "Por qué no, llegó a pensar, por qué no aceptar que las fotografías, su trabajosa preparación, su puntual envío, se originaban en el mismo amor, en la misma capacidad de nostalgia, en la misma congénita lealtad".

Risso --ese hombre de "leal" incomprensión hacia las mujeres y hacia la vida-- es capaz, sin embargo, de nostalgia y de asociar lo cruel de la venganza a la lealtad, la penitencia infringida a un acto de amor. Menos aún, a esta altura del cuento, nos interesan los hechos: sólo su incidencia en la atmósfera psicológica, en el orbe anímico de una situación.

La cuarta foto llega de Montevideo, pero es un colega, el periodista Lanza, quien la recibe. Se inaugura la ampliación de la venganza de Gracia César. La foto trae una frase: "Para ser donada a la colección Risso". Y el colega, como un alterego, le dice: "Pero yo no tengo interés en perder el tiempo creyendo o dudando. Da lo mismo. Cada mañana compruebo que sigo vivo, sin amargura y sin dar las gracias". Sin embargo el consuelo, el escéptico y lúcido consejo, no es asimilado por Risso, no ejerce influencia en el suicidio que se avecina. Ya él comprende, interioriza "que la segunda desgracia, la venganza, era esencialmente menos grave que la primera, la traición, pero también mucho menos soportable". La próxima foto le llega a la abuela de la hija. Tras las nuevas reflexiones de Risso, más amargas, sobreviene el final, desde la óptica de Lanza: "...lo que me estuvo mostrando media hora antes de hacerlo no fue otra cosa que el razonamiento y la actitud de un hombre estafado". Tal estafa ---la vida y sus bondades-- se compara con la que experimenta un jugador de caballos, de carreras, sobrenombre de Risso en el diario; porque ese hombre "había estado seguro y a salvo, y ya no lo está, y no logra explicarse cómo pudo ser, qué error de cálculo produjo el desmoronamiento".

La última foto, la última vuelta de tuerca a la atmósfera opresiva, es cuando Lanza sugiere sencillamente que Gracia César pudo haber enloquecido. Posibilidad inconcebible para Risso que funciona como gran estafa, más cruel aún porque era la posibilidad más sencilla, menos truculenta. Entonces llega el último giro, sobrecogedor. Es desde Lanza y es el único cabo suelto decisivo, aglutinante de la perfecta estructura aditiva: "Porque ya me había dicho que iba a matarse y ya me había convencido de que era inútil y también grotesco y otra vez inútil argumentar para salvarlo. Y hablaba fríamente conmigo, sin aceptar mis ruegos de que se emborrachara. Se había equivocado, insistía; él y no la maldita arrastrada que le mandó la fotografía a la pequeña, al Colegio de Hermanas. Tal vez pensando que abriría el sobre la hermana superiora, acaso deseando que el sobre llegara intacto hasta las manos de la hija de Risso, segura esta vez de acertar en lo que Risso tenía de más vulnerable".

La culpa ---leitmotiv de "El infierno tan temido"-- asume todo su dramatismo bíblico en la aceptación de la derrota. Pero el castigo, la venganza de fotos grotescas, culmina en la inocencia, en la hija. Onetti nos hace cómplices, mediante la acumulación lenta y cínica de sugerencias, del error de Risso, de un equívoco ontológico y ético. Esta obsesión quizás sea el signo de su narrativa toda. Ella explica tautológicamente las obsesiones expresivas: la estructura de rodeos que se consume en el rodeo, en la atmósfera. La correspondencia parece exacta, estaría tentado a decir feliz, pero el adjetivo es la antítesis de una angustia existencial que no se resuelve con explicaciones sociológicas sobre la decadencia de las clases medias uruguayas, que más bien apunta al drama de la existencia humana.

Un brujo llamado Juan Carlos Onetti, orgullo de las letras de habla española, se singulariza en ese jadeo que admiramos en "El infierno tan temido". Jadeo, circunloquio hábil, "verificación de lo inexplicable de los seres" --como apuntara Lucien Mercier--, también verifica los sesgos de la retórica del autor.

En el cuento, como en *El astillero*, sucede que "algo se pudre y se deshace, un gran desgano, una desesperanza" -- como señalara Carlos Maggi. En la entrevista que le concediera a María Esther Gilio también hallamos la verificación, cuando Onetti le declara: "Se empieza a

179

desarrollar una idea o relatar un sucedido y el relato se corta, sigue por otro camino. Una asociación de ideas, un recuerdo, hacen perder la línea primitiva. La gente cuando habla hace lo mismo, por supuesto, sin hacer estilo".

Armar las líneas, prever las asociaciones, resume el artificio. Hasta las aparentes digresiones forman parte de su maestría. Maestría que en *El pozo*, en la existencia de Eladio Linacero, girará sobre la soledad, o mejor: sobre los contornos fracturados de ella mediante una peripecia casi inexistente, casi estática, como en "El infierno tan temido". Así lo vio su coterráneo Angel Rama, cuando afirmara que su arte consiste en "concentrarse en las sensaciones que origina en un determinado personaje una acción pasada o futura que ni siquiera es desarrollada". Por ello poco importan los enlaces causales, las verosimilitudes que la estética de "espejo realista" jamás podrá encontrar en sus textos. Por ello Aránzuru en *Tierra de nadie*, Ossorio en *Para esta noche*, Brausen en *La vida breve* o Larsen en *El astillero* pueden moverse en estructuras que buscan la exasperación, el pasado como desenlace, como un *Voyage au bout de la nuit*   --diría Celine.

El reflejar -como él mismo afirma- "la aventura del hombre", es lo que lo decide a optar por una metódica donde la morosa crudeza alusiva del relato, junto al escepticismo lúcido, no opacan una ternura última, una comprensión desgarrada del hombre. Todo lo contrario. Su grandeza reside en potenciar por vía opresiva los modos de liberarnos de aguijones. Ello sugiere una fe, una innegable esperanza: La bondad que declara. La palabra bruja es de origen desconocido, posiblemente prerromano. Las brujerías aún por su étimo son enigmáticas. Los enigmas del brujo Juan Carlos Onetti son hechicerías que escudriñan en el ser humano. Condensan, tornan y entornan la bibliografía esencial: *El pozo* (1939); *Tierra de nadie* (1941); *Para esta noche* (1943); *La vida breve* (1950)...

Aventuras de una memoria que lucha contra las opresiones mediante un arte de esferas vaporosas, inexorablemente. Cada uno de sus lectores, sin términos medios, sabe que al sumergirse en su palabra no podrá salir a ninguna orilla. Pero sabe también que allí dentro un paisaje anímico de filosos corales es proverbio y parábola, sabio extrañamiento. Por ello, ahora cuando ya no está entre nosotros, compongo esta sencilla hechicería a su talento enigmático, brujero.

La Habana, 1994. Publicado en varias revistas.

CONVERSANDO CON OCTAVIO PAZ

En el centenario de su natalicio: 1914-2014

La maravilla intemporal del gerundio decide esta conversación, que aderezaré con algunas referencias cubanas, bajo tres señales y una experiencia lúdica:

<u>Primera señal</u>: Pocos pensadores del siglo XX enaltecieron y practicaron la inteligencia constante de la duda como Octavio Paz. Sus exaltaciones de la crítica como signo que define al intelectual genuino, sin amarrarse a prontuarios ideológicos de cualquier signo, juntaron el *epojé* de la fenomenología y el raciovitalismo de Ortega y Gasset, de base neokantiana frente a Hegel y sus discípulos constructores del futuro, más o menos deterministas en sus predicciones, sobre todo los marxistas. Aprehender su duda –la "razón crítica"-- sigue siendo un reto cotidiano, un signo de libertad de pensamiento contra los ogros estatales, a veces nada filantrópicos como el mexicano[1].

Esa "razón crítica", que no excluye sino complementa la "razón vital", tiene además un evidente apoyo en el "estar ahí" de Heidegger. Este ingrediente se vincula a la "razón poética", desde luego que con la certeza de la muerte, de estar atrapado en la temporalidad. De ahí sus ensayos sobre Mallarmé y Duchamp, en el sentido de fundar nuevas analogías, tal vez menos perecederas que el poeta porque es una construcción de lenguaje que se defiende de erosiones,

---

[1] Paz, Octavio. *El ogro filantrópico*, Barcelona, Seix Barral, 1979.

que se desgasta con menor rapidez. El poema es *su* reto al lenguaje denotativo, que sufre en el día a día las depredaciones de los políticos, las trivializaciones de los medios de comunicación.

Las evidencias de cuán coherente fue con su "razón crítica" abarcan desde ensayos filosóficos hasta artículos de política local e internacional, desde conferencias hasta entrevistas... Muchas ilustraciones argumentan la señal. Baste remitir a la compilación realizada por Yvon Grenier, bajo el sugerente título de *Sueño en libertad*[1]. En cualquiera de las secciones se hallan pruebas concluyentes de su afán de libertad, que transmite como pocos intelectuales latinoamericanos. Y a todo riesgo, en particular contra los derivados del fanatismo y de los diversos populismos que aún –tal vez por mucho tiempo-- ensombrecen a América Latina, al planeta.

Un pasaje de *Postdata*[2], correspondiente a 1969, quizás sea la mejor ilustración de este sesgo porque no exige glosas. Decía allí: "Si la política es una dimensión de la historia, es también crítica política y moral (...) La crítica: el ácido que disuelve las imágenes. En este caso (y tal vez en todos) la crítica no es sino uno de los modos de operación de la imaginación, una de sus manifestaciones. En nuestra época la imaginación es crítica. Cierto, la crítica no es el sueño pero ella

---

[1] Paz, Octavio. *Sueño en libertad. Escritos políticos,* Selección y prólogo de Yvon Grenier, México D.F., Seix Barral Biblioteca Breve, 2001.

[2] Paz, Octavio. *Postdata*, conferencia dictada en la universidad de Austin, Texas, el 30 de octubre de 1969. Cf. Nota 6.

nos enseña a soñar y a distinguir entre los espectros de las pesadillas y las verdaderas visiones. La crítica es el aprendizaje de la imaginación en su segunda vuelta, la imaginación curada de fantasía y decidida a afrontar la realidad del mundo. La crítica nos dice que debemos aprender a disolver los ídolos: aprender a disolverlos dentro de nosotros mismos. Tenemos que aprender a ser aire, sueño en libertad".

<u>Segunda señal</u>: Escasos son los intelectuales latinoamericanos que hayan sido tan dignamente independientes. Su honradez agnóstica y muchas veces escéptica, sin hipocresías y demagogias, casi se constituye en paradigma, difícil de cumplir pero con la gracia, tal vez leída en la actualización que realiza Albert Camus del mito de Sísifo[1]; de ese segundo donde Sísifo logra imaginar el paisaje, antes de volver a subir la piedra, cumplir feliz el castigo de los dioses por su osadía. Con Paz y Camus –que por cierto, fueron amigos en el París de posguerra-- se puede tener en la cabecera la frase de Píndaro que preside el ensayo del rebelde[2] escritor francoargelino: "No te afanes, alma mía, por una vida inmortal, pero agota el ámbito de lo posible". Ese intento por agotar lo posible, en la soledad de su escritura sin edulcoraciones, tiene en las polémicas que suscitan sus caracterizaciones de lo mexicano, un incendio interpretativo,

---

[1] Camus, Albert. *Le Mythe de Sisyphe*, París, Gallimard, 1942.

[2] Camus, Albert. *L'Homme Révolté*, París, Gallimard, 1951.

como puede leerse, entre infinidad de artículos y ensayos, en *El laberinto de la soledad* y su actualización en *Postdata*[1] .

Los cubanos tenemos un recuerdo imborrable de su independencia intelectual, que siempre agradeceremos. Ocurrió tras obtener Heberto Padilla el Premio de Poesía Julián del Casal, en 1968, con el libro *Fuera del juego* –que hoy valoramos como uno de los mejores en el ámbito hispano dentro del estilo coloquial--. La acidez contra la burocracia y los autoritarismos, las denuncias de Stalin y las represiones, el desenfado expresivo con que aquellos poemas asumían la libertad del escritor, tuvieron una brutal respuesta. Primero el ostracismo, después la cárcel y unas grotescas "confesiones" en la primavera de 1971... Casi inmediatamente Octavio Paz publica un artículo en la revista *Siempre*, donde denuncia el atropello, defiende la libertad de expresión y les pide a los intelectuales la actitud que admira en Padilla, que lamentablemente mantiene una terrible vigencia, hasta con los mismos rasgos, en el nuevo milenio: "Nuestro tiempo es el de la peste autoritaria: si Marx hizo la crítica del capitalismo, a nosotros nos hace falta hacer la del Estado y las grandes burocracias contemporáneas, lo mismo las del Este que las del Oeste. Una crítica que los latinoamericanos deberíamos completar con otra de orden histórico y político: la crítica del

---

[1] Paz, Octavio. *El laberinto de la soledad, Postdata, Vuelta a El laberinto de la soledad,* Ciudad de México, FCE, 1981. 1ra. Ed. de *El laberinto...,* México D. F., Cuadernos Americanos, 1950. 1ra. Ed. de *Posdata,* Ciudad de México, Siglo XXI, 1970. 1ra. Ed. de *Vuelta a El laberinto de la soledad,* en *El ogro...* Cf. nota 1.

gobierno de excepción por el hombre excepcional, es decir, la crítica del caudillo. Esa herencia hispanoárabe"[1].

Tercera señal: Mucho hemos aprendido los críticos literarios de cualquier lengua de sus indagaciones sobre poesía moderna y contemporánea, de sus comentarios a textos y poetas... Pero esta generosa y constante zona de su escritura, como sucede, por ejemplo, con el Alejo Carpentier musicólogo, ha sido opacada por sus cuadernos de poemas y los deslumbrantes ensayos. Lo cierto es que hasta hoy ningún crítico mexicano y pocos en el ámbito hispano muestran textos tan valiosos. En ellos la subordinación del instrumental de análisis a las obras que valora, se potencia por su olfato para ir a lo esencial caracterizador, a los versos decisivos para la singularización de una voz, de un grupo, de un movimiento artístico.

Los hijos del limo[2] quizás sea el argumento más revelador de su maestría como crítico literario a nivel de la cultura occidental, aunque desde antes de *Cuadrivio*[3] --donde caracterizara la obra poética de Rubén Darío, Ramón López Velarde, Fernando Pessoa y Luis Cernuda— ya destacaban

---

[1]Paz, Octavio. "Las 'confesiones' de Heberto Padilla, en *Siempre*, junio de 1971. Se recogió en *El ogro filantrópico* (Cf. nota 1). Cito por el noveno volumen de las *Obras completas*, México, Fondo de Cultura Económica, 1995, pp. 171-2.

[2] Paz, Octavio. *Los hijos del limo (Del romanticismo a la vanguardia)*, Barcelona, Seix Barral, 1974.

[3] Paz, Octavio. *Cuadrivio* ,México D. F., Joaquín Mórtiz, 1965.

sus precisas exégesis bajo una hermenéutica ecléctica, sin aferrarse a ninguna escuela.

Aquellas conferencias del romanticismo a la vanguardia, invitado a los Charles Eliot Norton Lectures de la universidad de Harvard en 1971, por donde ya había pasado en 1944, son decisivas para cualquier discernir sobre la poesía contemporánea occidental. Si la frase "bibliografía obligada" no estuviera tan depredada por los clichés académicos, sería exacta para marcar la imposibilidad de ignorarlas, de no rendirse a su desenfado, a las relaciones que establece su erudición entre poemas, poetas y lenguas aparencialmente desconectadas. A lo que debe añadirse una despiadada crítica a los compartimentos ficticios que la mayoría de los historiadores literarios han establecido desde el siglo XIX, donde a veces la comodidad expositiva esconde la haraganería, donde a veces el esquema sólo indica la mediocridad de quienes lo estampan y se lo estampan a sus estudiantes.

Coincido con las sabias apreciaciones de Rodolfo Mata respecto de los prejuicios que alguna zona de los textos de Paz ha generado, sobre todo entre algunos investigadores ortodoxos que no han valorado que se trata de un ensayista que además es un poeta, no un historiador, referencista o antropólogo. Mata asevera: "Las principales críticas que ha recibido la ensayística de Octavio Paz provienen de quienes buscan en ella un rigor en la sistematización, orden, jerarquía y definición de conceptos. Si se considera al ensayo como un producto híbrido entre la ciencia y el arte, que toma de la primera su trabajo con los conceptos y su aspiración a la

187

verdad y del segundo su manejo de las formas y la actividad creativa del espíritu que eso acarrea, las peticiones de esa índole resultan desmedidas. Por otra parte, siendo Paz poeta, se entiende que su producción ensayística maneje con maestría el aspecto creativo del lenguaje y su capacidad de sugerir más que de demostrar. Paz está perfectamente consciente de su postura cuando define a la crítica moderna como 'pasión crítica', 'algo que es más que una opinión y menos que una certidumbre'"[1]. Su real-maravillosa biografía *Sor Juana Inés de la Cruz o las trampas de la fe*[2] quizás sea quien más ha sufrido esas equivocaciones.

"Más que una opinión y menos que una certidumbre" – son sus palabras--, pero que ni siquiera en breves reseñas resbala hacia los nocturnales relativismos apreciativos donde todos los gatos son pardos, donde la "deconstrucción" oculta la mediocridad o la biografía del autor enmascara deslices verbales, gazapos y sapos metafóricos. El prólogo a *Poesía en movimiento*[3] muestra cómo supo, hasta por el número de renglones que le dedica a cada poeta, establecer una jerarquía. Allí el tabasqueño José Carlos Becerra, por ejemplo, ocupa el

---

[1] Mata, Rodolfo. "Octavio Paz : um percurso através da modernidade" en Maciel, Maria Esther (org.), *A palavra inquieta. Homenagem a Octavio Paz*, Editora Autêntica (Belo Horizonte) / Memorial da América Latina (São Paulo), 1999, pp. 91-108.

[2] Paz, Octavio. *Sor Juana Inés de la Cruz o las trampas de la fe*, México D.F., Fondo de Cultura Económica, 1982.

[3] Paz, Octavio; Chumacero, Alí; Pacheco, José Emilio; Aridjis, Homero. *Poesía en movimiento: México 1915-1966*, Madrid, SigloXXI.

relevante sitio que le corresponde. Allí es raro hallar algún elogio desmedido, inverosímil, tan abundante en otras antologías o prólogos. Sus juicios de valor pueden resultar polémicos, pero sabemos que siempre tenía un inconmovible sentido del canon. De ahí que se buscara no pocos fustigadores en los cenáculos de bombos mutuos, tan abundantes en cualquier mes o trastienda globalizados.

Y la experiencia lúdica: Sus mejores escritos exhiben unos relámpagos sintácticos y metafóricos sencillamente cautivantes, entre vertiginosos cortes a la lógica trivial, al pesado transcurrir que nunca suelta la falsa, hilvanada coherencia expositiva. Para mí sólo Borges alcanza el dinamismo de su prosa ensayística, aunque por otro singular desvío estilístico: *clinamen*, como sugiere Harold Bloom[1] siguiendo la idea de Epicuro que Lucrecio difundiera, para significar un rumbo ligeramente distinto al de otro escritor, sea precursor o coetáneo.

Al compartir aquí la pregunta que me ata a su embrujo verbal --¿Por qué con la obra poética y ensayística de Octavio Paz estaré siempre conversando?— trato de argumentar que su centenario sirve apenas como deliciosa excusa para releerlo. A diferencia de otros escritores cuyas efemérides no suelen motivarnos con la misma fuerza --a veces sólo por el compromiso arqueológico--, el 31 de marzo de este 2014 es una fiesta de la palabra insubordinada, del discurso fuerte.

---

[1] Bloom, Harold. Poetry and Represion, Revisionism from Blake to Stevens, New Haven, Yale University, 1976.

Y no se trata –argumento– de una impresión sino de un rastreo estilístico por sus signos más evidentes, como el constante entrecortar de la frase mediante el punto y seguido, las oraciones unimembres, el poco uso de los complementos nominales y las subordinadas. Lo que además se enriquece con su figura preferida: la paradoja, de estirpe surrealista. Modulada por los juegos de la paronomasia, los sumergimientos en las etimologías, las sinécdoques ingeniosas que recuerdan el conceptismo de Gracián, dentro del complejo orbe barroco; aunque en él apenas podemos hallar algún énfasis, porque muy bien aprendió el sentido taoísta del sugerir, como profundo conocedor del *Haiku*, admirador de Basho, según muestra en *Sendas de Oku de Basho*[1]. Casi siempre bajo esas ironías y analogías donde el erotismo no se sabe a dónde pertenece en Occidente, pero sí que se sumerge en filosofías orientales, en el budismo, como puede leerse en *Vislumbres de la India*[2], país donde fuera embajador entre 1962 y 1968, cuando renuncia, como se sabe, en protesta por la masacre de Tlatelolco.

Porque hace mucho, mucho tiempo, había un adolescente habanero que tuvo el privilegio de que la entonces secretaria de José Lezama Lima, Carmen de Céspedes, lo llevara a la casa del amigo de Octavio Paz en la calle Trocadero No. 162, bajos, puerta de la izquierda. Y después, antes de abandonar el país, ella le regalara su colección de la

---

[1] Paz, Octavio y Hayashiya Eikichi. *Sendas de Oku*, Barcelona, Seix Barral, 1981.

[2] Paz, Octavio. *Vislumbres de la India*, Barcelona, Seix Barral, 1995.

revista *Orígenes,* con varias colaboraciones del poeta, además de una excelente biblioteca donde estaba la edición de 1958 de *Libertad bajo palabra.* Tal suerte y la de pescar algunos de sus libros en librerías de viejo, armaron mis primeras conversaciones con el ejemplar escritor "sin mandato" mexicano.

En los peregrinajes de mi exilio, cuando he tenido que decidir cuáles libros caben en las dos o tres cajas que puedo arrastrar, siempre han estado aquellas ediciones, luego multiplicadas y hasta exhibidas con vanidad y pedantería, como la edición príncipe de *Blanco,* que algunas tardes de domingo releo para disfrutar y darme fuerzas, para vitalizar mi razón crítica y creer más en las paradojas existenciales que el erotismo –su *Llama doble*[1] -- conjura.

Relato un último privilegio: la única vez que platicamos, ¿cómo decirlo?, sin que mediaran sus letras, porque siempre, desde luego, han sido personales... Fue nada menos que en un sitio emblemático de la élite cultural mexicana: el antiguo colegio de san Ildefonso, tan cerca del Zócalo de Ciudad de México, sobre la Tenochtitlán azteca que disfrutamos en Fernando Benítez, entre murales de Juan Clemente Orozco y recuerdos de la Preparatoria donde Carlos Pellicer vislumbrara sus primeros paisajes poéticos. La feliz casualidad ocurrió el viernes 26 de agosto de 1988, en la clausura del XVII Congreso de Literatura Iberoamericana, a donde fui invitado por el ensayista y profesor argentino Alfredo Roggiano, tras algunas colaboraciones mías en la

---

[1] Paz, Octavio. *La llama doble*, Barcelona, Seix Barral, 1993.

Revista Iberoamericana, que él dirigiera desde Pittsburgh con los hoy tan añorados aciertos de ecumenicidad y rigor intelectual.

Estaba junto a su esposa, Marie-José Tramini, y de inmediato reconocí a la mujer que inspirara, entre otros, el erotismo de *Blanco*, ese *mandala* que se despliega en por lo menos cuatro senderos, hasta fundirse en un objeto verbal donde el espacio, la visualidad de la hoja –Mallarmé, Apollinaire, Huidobro, Mario y Oswald de Andrade…-- forma parte de la nueva realidad artística, que al adentrarse en el lenguaje incluye silencios y combinaciones, juega y crítica bajo el signo de Eros.

Como en otro ensayo estudiaré las relaciones entre Octavio Paz y José Lezama Lima, los sesgos poéticos donde coinciden y se alejan, apenas cuento aquí lo obvio: que tras yo referirme a su poema "Nocturno de san Ildefonso", hablamos de la revista *Orígenes*, de la correspondencia entre ellos, del poema que Lezama le escribiera y del prólogo-poema que Paz entregara para la edición mexicana de los poemas póstumos de Lezama: *Fragmentos a su imán*[1] , publicación que por cierto precedió a la cubana.

Lo curioso, que revelo por primera vez y por una razón bien diáfana, es que conversamos sobre Cintio Vitier y Fina García Marruz, con los que también mantuvo una amistosa correspondencia. La razón ejemplifica cómo Octavio Paz, a diferencia de muchos de sus detractores, sabía sobreponerse a diferencias de credos e ideologías en sus relaciones personales. Bien lejos de su ideario cualquier genuflexión ante

---

[1] Lezama Lima, José. *Fragmentos a su imán*, México D.F., Era, 1977.

un caudillo o dictadura, ante los sacrificios totalitarios del presente para el fraude de forjar el "hombre nuevo". Pero aún recuerdo con cuánto cariño me preguntó por la salud del matrimonio cubano, por sus poemas y ensayos de ese entonces. Mensaje que transmití puntualmente y que obtuvo la misma simpatía, entre sonrisas y silencios.

Nada menos que seis números de *Orígenes* prestigió Paz con sus colaboraciones. La primera corresponde al número de invierno de 1945. Fueron cinco poemas: "Misterio", "La rama", "Viento", "Espiral" y "Nubes"[1]. *Orígenes* exigía, desde luego, que las colaboraciones fueran inéditas.

Este gerundio de gratitud desea terminar o comenzar con unos de aquellos poemas que por primera vez salieron en La Habana. Hoy sigo conversando como hace medio siglo con el poema "Espiral", escrito en Nueva York el 16 y 17 de agosto de 1944, que la cubana revista *Orígenes* publicaría en la página 18. Octavio Paz tenía treinta años cuando ya, como el ciclón en Lezama, se identifica con el caracol, las aguas y sirenas, los movimientos en espiral del sino individual y del universo inextricable. Son cinco tercetos eneasílabos. Dicen:

Espiral

Como el clavel sobre su vara,
como el clavel, es el cohete:
es un clavel que se dispara.

---

[1] *Orígenes*, Año 2, no. 8, invierno, 1945, pp. 15-18.

Como el cohete el torbellino:
sube hasta el cielo y se desgrana,
canto de pájaro en un pino.

Como el clavel y como el viento
el caracol es un cohete:
petrificado movimiento.

y la espiral en cada cosa
su vibración difunde en giros:
el movimiento no reposa.

El caracol ayer fue ola,
mañana luz y viento, son,
eco del eco, caracola.[1]

---

[1] Fechado en Nueva York, 16 y 17 de agosoto de 1944. Ibídem, nota 14, p. 18.

INSATISFAÇÕES

Una lectura de Fernando Pessoa

Para Antonio José Ponte

y Robert Brechon

KING WILLIAM STREET

Bernardo Soares los miró calle abajo como un montón de imágenes rotas entre la neblina parda. Había decidido no tratar nunca más a sus hermanos por ser tan hipócritas, tan semejantes a él.

WHAT DREAMS ARE MADE OF

Fernando tamborilea con los dedos sobre su mesa de trabajo, alza la vista hacia la ventana, donde cada media hora el tranvía cruza. Piensa que es lunes y debe sumergirse en las traducciones de correspondencia comercial. Casi corre hacia la puerta. Cuando paga el boleto decide bajarse en Bela Vista, ver desde fuera la casa de su infancia.

AS TIME GOES BY

Bernardo Soares no lo puede creer y cuando trata de fijar la vista, sencillamente desaparece. Pero era ella, María Magdalena, su madre, quien estuvo en la puerta del cuarto, como cuando era niño y desde allí le deseaba buenas noches.

195

YOU MUST REMEMBER THIS

Ofelia, cuando se lo encontró a la salida del Café Royal, no recordó nada. Y Álvaro muy poco, salvo al marido.

I KNOW NOT WHAT TOMORROW WILL BRING

"Me parece –le dijo Ricardo Reis a su amigo Alberto Caeiro— que es mejor ni imaginarse cómo será después de la muerte. Por eso mañana no debo salir de casa, porque hay días así, donde ocurre exactamente lo imprevisible".

¿STRANGERS IN THE NIGHT?

Ricardo jamás supo que Ofelia Queiroz fingió no reconocer al vecino que cada mañana había visto bajar los escalones del edificio de enfrente, con la esperanza de que alzara la vista hacia el suyo, la saludara con la mano abierta, sonriera, añadiese un "baja" con el índice.

LOVERS AT FIRST SIGHT

La cifra convenida era la correcta y Álvaro de Campos podía permitirse una vez   --¿qué es una vez?-- aquella escapada a la Casa Verde donde Dona Celeste. Pagó y con un "eu desejo agora" ella lo invitó a quitarse la ropa.

THE WASTE LAND

"¿Por qué la roca sólo tenía que ser roja?" –se preguntó Ricardo Reis aquella cruel tarde de abril de 1922, cuando terminó la lectura del poema que le habían enviado desde Londres. "El blanco es tan baldío" –añadió con sorna, pensando en cómo sonaría el mundo en portugués: "Branco roca vermelha".

SKILLS AND ABILITIES

Miss Jaeger –la maga de Alemania– le escribió a su amigo Aleister Crowley –el ocultista inglés– que se estaba comunicando telepáticamente con un portugués de apellido Pessoa. Le aseguró que su poder era enorme, porque lograba desdoblarse en varios espíritus. Crowley sacó un boleto para Lisboa.

JUST A PARADOX

Sosegadamente alisó con el índice y el anular su breve bigote. Sosegadamente se sirvió otro trago de aguardiente *Águia Real*. Sosegadamente se juró que nunca más escribiría otra carta de amor, porque todas eran ridículas. Sosegadamente encontró el título para sus memorias: *O livro do desassossego*.

SIMPLE THEOSOPHY

"¿Si Fernando logró conversar en 1914 con Eça de Queiros, muerto catorce años antes; y también, varias veces, con Luis de Camões (1524-1580); por qué no va a revisar mi poema *Lisboa*, medio siglo después?" –se dijo Sophia de Mello

Breyner, mientras subía por el elevador de Santa Justa en la vieja Lisboa, con rumbo desconocido.

MUTE IN THE RAIN

"De mí (de este que soy), reniego" –susurró mientras la llovizna le empañaba los lentes y la sentía dulce, adormilada, sin apetencias. Caía vertical y su silencio era hacia el *Estado Novo* o cualquier otra mentira nubosa de la historia. Y su nada real --Fernando Pessoa-- se mojaba por la calle, renegada.

THE BLUE GUITAR

Una lectura de Wallace Stevens

> A Gustavo Pérez Firmat. Y en recuerdo de Pepe Rodríguez Feo y su correspondencia con Wallace Stevens.

The Swan Man

Debe de haber sido muy fría esa terraza donde se asomaba a la nada, a lo verdaderamente sublime del hombre. Pura escarcha. "Enebros goteando hielo", dice, mientras se burla de los misterios, el sonido del viento y las furias. Porque el hombre de nieve suele derretirse temprano entre los pinos. Es nadie.

Pulitzer

Señor vicepresidente, con su permiso, en la radio acaban de decir que le otorgaron el Premio Pulitzer a un poeta que se llama igual que usted. Qué gracioso, señor Stevens. La gente aquí en Connecticut, en nuestra compañía de seguros, se va a reír mucho de la casualidad. El *Hartford Courant* lo publicará mañana. Va y se lo atribuyen al abogado.

199

Imaginism

Dices bien, el más reticente: la realidad poética es la imaginación. Su valor referencial se regala a historiadores. *Imagination as Value*: El poema es tangible.... Abedul. Escarcha. Aurora. "Melodías al exilio" –escribe el comediante, mientras "el furor del espacio" continúa: *the madness of space*.

Transport to Summer

"¿Quién suda camino a casa?"--comenta, ante el verso que se despersonaliza. Porque de lo contrario suda, no es verso. Sacude lo empírico para convertirse en poema. Devastador signo de la ironía del mundo, camino a las estaciones finales. Siempre sobre esa terraza para vagar, urdir como Apollinaire un objeto cuyas palabras se engendran a sí mismas, fundan –dice Paul Valéry— y asentimos.

The Auroras of Autumn

Suelen encarnar, irse en goteos y brochazos tan aleatorios que son de los indios navajos y de Jackson Pollock. Las salpicaduras de las hojas oro viejo salen volando entre el sol que nace, a un ritmo expresivo y abstracto, sin referentes que escapen a tener significados. Son. Apenas podrían ser numeradas para impedirles remitir hacia algún estado de ánimo o de razonamiento. Son auroras que contemplas antes de irte a nuevas estrategias comerciales. Gotean.

The Secretaries of the Moon

Cuando encontró el valor apotrópico de la luna, es decir, su capacidad para alejar el mal, proteger como el bautismo, supo que apenas podía convertirse en uno más entre sus poderosos secretarios. Quizás por eso cuando la veía entera o en tajada, cuando la leía en tantos mitos, leyendas, poemas, le sucedía algo extraño: le perdía el respeto. De pronto cada misterio se nublaba, como sus nombres cuando Jorge Luis Borges los recreó, mucho después, una de aquellas siete noches. Hasta que prefirió el francés: *lune*.

Harmonium

¿Fue un poeta tardío, que a los cuarenta y cuatro años publica su primer cuaderno? ¿Quiénes creen la aporía? ¿Si hay tardíos hay tempraneros? ¿Dónde se hallan las cronologías ante el poema sobreviviente? Ah, cuánto equívoco, afán de que el tiempo domine --piensas. Apollinaire, el cubista, uno de tus maestros, ríe ante lo de "tardío", baja la voz y pregunta en cuál dimensión eres tardío.

The Man With the Blue Guitar

Suena como si la melancolía fuera nube, humedad, neblina sobre los ríos de América. Ruge. Brama. Gruñe entre los dedos que rasgan porque *you do not play things as they are* y este es el XXXIV, el que no escribiste. El innombrable que acepta el cambio a través de los azules y negros, del *feeling*. No sólo de aquel cuadro de Picasso de 1904 sino de 1937, tan viejo como la vieja guitarra. Porque el mundo se bañaba en su imaginación: *The world washed in his imagination*. Y padece – dices— *an absence in reality*.

Two figures on a dense violet night

Wallace reflexiona: La pareja imaginada volará sobre la *realidad*. Su imaginación, más vigorosa y duradera, creará su *realidad*: La noche violeta danza su densidad para las dos figuras. La densidad violeta envuelve a las dos figuras en la noche. El violeta denso de la noche en cada figura hacia el poema sólo violeta en el trópico, sólo denso en la humedad de la noche tropical. Y Valéry que escribe *L'Âme et la danse* en 1923, en la única otra lengua que conocías.

Academic Discourse at Havana

José Lezama Lima tenía dieciocho años cuando el 15 de noviembre de 1929 lo lee en *Revista de Avance*, traducido por Jorge Mañach... Después su voracidad metafórica replicaría, sumaría su *discurso*: el horno transmutativo de un poema: el mayor tributo poético hispanoamericano a Wallace Stevens, que había visitado La Habana seis años antes, en 1923. Las ironías, traviesas, abofetean las academias. *Jostling*. Caos de un aguacero que él observa desde el portal del hotel Sevilla, embelesado.

Part of a World

Se conocen en New York. Antes, la correspondencia que cruzaban revela un hombre distinto al puritano, convencional, reticente, que José Rodríguez Feo creía hasta leerlo; además de las páginas sobre su poética, en raras confesiones al graduado de Harvard, al único millonario cubano de vocación literaria, que añade cómo el henchimiento dialógico, sin subordinaciones y aciclonado, caribeño -- calibeño--, marca con Stevens las apetencias cosmopolitas de la revista *Orígenes*, las engrandece ya europeizadas. Y Pepe Rodríguez Feo, el que se burló de provincianos, machos, hembras, envidiosos --mientras lo traducía en su lujoso ático de 23 y 26, en El Vedado--, sonríe cuando lo ignoran.

Hot peanuts

El recuerdo que Gustavo señala es el del lago con cisnes del Carsonia Park en Reading, Pennsylvania, no el Casino Nacional de la playa de Marianao al oeste de La Habana. Y el manisero que pregona tampoco es el de aquel fin de semana habanero, sino el de Moisés Simons popularizado en la radio y los discos. El chino que pregona en inglés: *Hot peanuts*, también dice "Calientico el maní" mientras le acerca el cucurucho al turista de traje blanco, descansa la lata con el anafre en la acera. Sonríe mientras cobra. Comienza a alejarse: "Se va... Manisero se va."

Jangling the metal of the strings

Rasgar el metal de las cuerdas basta para solear la mañana. Es "el residuo del corazón" –dices. Es. Porque apenas hay aire, un buen amigo: *What is there in life?* O tal vez el rasgueo de la realidad haya sido tocado por un torpe artífice que empuñara los tonos de la guitarra azul –dices. *A blunted player*. Somos torpes, inevitablemente ante los zumbidos del mundo.

Cary, NC, 01/03/15

VERTIGES

Una lectura de Arthur Rimbaud

Con Gastón Baquero, una tarde
conversando sobre Rimbaud en
Alcobendas.

JE FIXAIS DES VERTIGES

Sabía que las nociones siempre son difuminadas, como
discutirían los filósofos al recordar a los presocráticos. Sabía
que cualquier *acontecimiento* no era más que una breve
iluminación en la noche de Orfeo. Sabía reírse de los absolutos
porque la razón –comentaba— nunca ha pasado de extraer
usos, costumbres, como ese sombrero suyo que tanto llamaba
la atención al fotógrafo Étienne Carjat.

UNE SAISON EN EFER

Arthur pensó que el disparo de Paul en la estación de
trenes había sido un nuevo juego, ahora con su muñeca, como
de niño en Charleville. Un cuento de hadas persas o un
cargamento de armas traficado por el Mar Rojo. El carcinoma
o la gangrena hasta la amputación, que su madre, Vitalie Cuif,
casi presencia en el hospital de Marsella como otro juego de su
niño terrible.

CE FUIT D'ABORD UNE ÉTUDE

La verdadera estación en el infierno –se dijo-- es el salón del Hotel Des Etrangers, en el boulevard Saint-Michel, entre poetas de florecitas y acordes. Y esa revista –*Le Parnasse Contemporain*— donde las correspondencias de Baudelaire mueren entre intrigas y vanidades. Huyo de cenáculos, corro fuera, lejos --decidió.

J'ECRIVAIS DES SILENCES

Jean Nicolas Arthur nunca creyó aquella madrugada que sólo se podía ser vidente a través de absenta, intercalado con hachís. No hacía falta para alcanzar su modo de libertad, convertirse –decía— en un "ladrón de fuego". Entonces, al borde de cumplir veinte años, descubrió que sólo se trataba de alcanzar silencio, un poco de silencio.

QUELQUES LECTURES, RÉCEPTIONS

Quizás Oliverio Girondo iba trasladando París a Buenos Aires, cambiando nombres y locaciones y ánimos, mientras Enrique Molina asociaba. ¿Y qué estaría pensando el joven Cintio Vitier cuando en La Habana de principios de los cincuenta traducía *Les Iluminations*, escribía su ensayo para el número 36 de *Orígenes*? Intrigas. Liendres.

ALCHIMIE DU VERBE

Gerard de Nerval es nuestro único alquimista –comentó al bajar los escalones mugrientos del 8 de Great College Street,

Camden Town, rumbo al British Museum, donde tenía calefacción, papel, pluma gratis. La llovizna londinense – neblina helada-- no era más impertinente que esa certeza. Verlaine tampoco.

LE BATEAU IVRE

Les dejo un equívoco. Aunque huelan, beban, inhalen, inyecten lo que se les ocurra... Porque yo –cuando lo escribí– todavía no había visto el mar, pero estaba *"infusado* de astros".

JE NOTAIS L'INEXPRIMABLE

Es posible porque es imposible, como el hijo de Dios hecho hombre que le contaba su maestro George Izambard tras una traducción del latín. Y colgó dos preguntas en la libretica verde de apuntes: ¿Por qué ese nogal vive sin expresarse, apenas exhibe –contundente-- que es? ¿Podrán mis renglones ser tan reales como el Sena cuando las inundaciones carmelitas cruzan los puentes?

VILLAINS BONHOMMES

Corría 1869 en aquella cena donde Théodore de Banville y André Gill sonrieron al adolescente procaz, melenudo, lampiño, rosado, hechicero, que se burlaba de sílabas y rimas, de acentos rítmicos y aliteraciones, mientras los seducía. Un desdén académico, ingurgitado, fue la respuesta al puñado de versos que soltó el recién venido. Y hasta hoy, donde casi nadie recuerda a Théodore y André, como a Antonio Salieri con Mozart.

JE EST UN AUTRE

Mentira. No quisieron entenderme. No soy –nunca he sido– otro. La paradoja es existir sin pronombres –le dije una vez a un suizo que también traficaba opio afgano en Adén, sin la menor intención de que me entendiera. Lo que no pensé fue en tantos historiadores. Lo juro. Las máscaras son una pesadilla, quizás la peor, porque nunca pude ser otro.

DÉLIRES

Un concierto de muecas donde aparece una virgen loca que conversa con el Demonio, porque su pareja nunca le inspiró celos; unas vocales coloreadas para que los sentidos no se excluyan, aunque el verde de la U no se abra a ninguna prole; un carpintero bebiendo aguardiente de melocotón en un techo de Croisset, Baja Normandía, cerca de Gustave Flaubert. Muecas.

DANS LA PRISON DE MONS

¿Y qué esperabas, Paul? ¿Acaso prefieres ser esclavo de los honorables que estar encadenado a la roca como Prometeo? ¿De qué te arrepientes ahora, tarde, cuando los poetas que siguen cantarán nuestra saga-borrasca, nuestra noche de pájaros, nuestro aullido? Ah, querido, cruzaré

Abisinia contigo al hombro, bajo los desiertos, por la pasión.
¿Y qué esperabas, Paul, qué esperabas del Mundo?

Atlanta, septiembre y 2014

EL EXTRANJERO

Una poética política, más bien ética

A Emil Volek, releyendo a Milan Kundera.

Hace apenas un mes recibí la Residencia en los Estados Unidos. Esa noche del pasado febrero recordé, busqué en Internet, releí varias veces y traduje un célebre poema de Baudelaire, que sirvió de referencia y alimento a Albert Camus para su novela homóloga *El extranjero*. Mi versión dice:

--*Dime, hombre enigma, ¿a quién quieres más: a tu padre, a tu madre, a tu hermana, a tu hermano?*

--*No tengo padre, madre, hermana, hermano.*

--*¿A tus amigos?*

--*Empleas una palabra sin sentido, hasta hoy no la conozco.*

--*¿A tu patria?*

--*Ignoro en cuál latitud está.*

--*¿A la belleza?*

--*La querría mucho, es diosa inmortal.*

--*¿Al oro?*

--*Lo aborrezco tanto como ustedes a Dios.*

--*¿Entonces a quién quieres, raro extranjero?*

--*Quiero a las nubes. A las nubes que pasan por allá. A las maravillosas nubes.*

¿Por qué esa cercana noche de febrero la pasé sin dormir, en la traducción de "El extranjero"*, poema recogido póstumamente en Le Spleen de París (1869)? ¿Por qué la tarjeta de residente en una nación tan generosa, la más poderosa del planeta, me provocó spleen, que según Le Nouveau Petit Robert de 2009 es la "melancolía que se expresa sin razón alguna, caracterizada por una enorme repulsión hacia todo"?

Este ensayo intentará responder las dos preguntas, en la inteligencia de que mi spleen es una constante en las literaturas latinoamericanas, un elemento clave en las poéticas autorales, desde el Romanticismo del siglo XIX, estrechamente relacionada con los movimientos independentistas, con los sucesivos dictadores y revoluciones... Y hasta hoy, por supuesto que con diferentes matices y proyecciones.

Baste recordar que José María Heredia, el primer poeta cubano de relevancia y nada menos que el diáfano precursor del Romanticismo en lengua española, tuvo que exiliarse, morir en México. La lista por países avergüenza la historia de América Latina. Esa melancolía catalizada por la condición de "extranjero" forma una poética muy politizada, que en ciertos casos como el mío anhela o se proyecta hacia una ética.

Antes, durante y después del intenso trabajo de traducción, en la húmeda madrugada de Miami Springs, recordé entre otros sucesos el suicidio de Walter Benjamin. Quizás porque tradujo a Baudelaire y a Proust. Pero sobre todo porque huía, escapaba. Su trágico final en la fronteriza cala de Portbou, cuando un oficial franquista amenazó con deportarlos de nuevo y Walter se ve en un campo de concentración nazi e ingiere una sobredosis de morfina, contrastaba con mi sosiego de tener la *Permanent Resident* en los *United States of America*.

Pero la relación con el judío berlinés no sólo implicaba a las víctimas de regímenes totalitarios, a las represiones de poderes omnímodos, casi siempre cometida por militares o exmilitares en la América nuestra, desde Rosas hasta Castro, desde Pinochet hasta Porfirio Díaz... Como se sabe, Walter Benjamin, quizás instado negativamente por su amigo Theodor Adorno, presumía de ser un ensayista de filiación marxista, como después se consideraría en general a la *Escuela de Frankfurt*.

Las polémicas sobre la personalidad intelectual del talentoso pensador alemán –de Hannah Arendt a Gershom Scholem y a las nuevas lecturas de su obra por Mark Lilla en *The Reckless Mind. Intellectuals in Politics* (2001) — me condujeron en las espirales reflexivas de esa madrugada a un autor que persigo, dentro de la llamada "filosofía del absurdo", con cuya obra discuto amargamente cada vez que la releo: el franco-rumano Emil Ciorán, que afirmara: "No tengo nacionalidad, el mejor estatus posible para un intelectual"; frase cáustica a la que volveré en la página final.

Y también a otro fuera de su tierra natal: Stvetan Todorov, el búlgaro que vive en Francia desde 1963, cuyo libro *L'homme dépaysé*, desde que en París me lo regalara Dionisio Gazquez en 1996, ha estado conmigo, formando parte de mi política, poética y ética. Esa madrugada busqué de nuevo mis subrayados en el ya un tanto ajado volumen, retorné a una obsesión que no puede mecánicamente asociarse a los isleños: el viaje, la salida, los descubrimientos, la mixtura… Excursión e incursión ante el mar como frontera y peregrinación, pero que en el caso de los cubanos tiene razones claramente históricas, políticas, hasta la polarización aún vigente, a partir del tenebroso virus político.

Otras lecturas de "desplazados" –cuya relación podría resultar aburrida– también se mezclaron aquella reciente madrugada. Pero donde de verdad estuve en el foso fue cuando recordé algunas anécdotas personales de mis viajes con pasaporte cubano. Ahí sí mi poética-política-ética se convirtió en una masa de croquetas o de gente, desde Publio Ovidio Nasón, confinado por el emperador César Augusto en el año 8 a.C. en la hoy Rumanía; hasta Salman Rushdie, exiliado y escondido en Inglaterra, tras la publicación de su novela *The Satanic Verses* en 1988, que de inmediato recibió un edicto religioso o *fatwa*, emitido por el ayotolá Ruhollah Jomeini, donde lo condenaba a muerte por hereje.

¿Cómo distinguir poética de política y de ética cuando sobre el escritor pesa una condena a muerte, cuando se abandona el país natal sabiendo que el retorno queda en el desván de las esperanzas frustradas, en una ficha técnica de los órganos de inteligencia; cuando se ha sido víctima de la cárcel o del ostracismo, cuando el miedo crea consciente o inconscientemente la autocensura, escribir sobre nenúfares o convertirse en ornitólogo?

¿Qué tratado de retórica podría pretender asepsia entre campos de reflexión intelectual cuando entre ellos hay minas personales, como ocurría en la Unión Soviética de Stalin, en Budapest tras los sucesos de noviembre de 1956, en Praga cuando su primavera política de1968 fue destrozada por las tropas del Pacto de Varsovia, en la China actual con los artistas que piensan diferente del único partido político autorizado?

Pocos días antes de yo recibir mi Permiso de Residencia, el 14 de febrero, *Día de los Enamorados,* una joven escritora cubana cuya valentía es reconocida internacionalmente, publicaba en su blog *Generación Y* un poema en prosa dirigido a su esposo, el también intelectual disidente Reynaldo Escobar. Yoani Sánchez no pensaba precisamente en san Valentín cuando lo tituló "No lo saben todo, mi amor, no lo saben...". Desde su apartamento habanero ella escribió:

¿Habrá micrófonos aquí? me preguntas mientras clavas tu mirada en cada esquina de la habitación. No te preocupes, te digo, mi existencia va con los huesos afuera, con el dobladillo saliéndose por el costado. No hay lugar oscuro, cerrado, privado… porque vivo como si caminara a través de un enorme aparato de rayos X. Aquí está la clavícula que me partí siendo niña, la pelea que tuvimos ayer por una nimiedad doméstica, la carta amarillenta que guardo al fondo de la gaveta. Nada nos salva del escrutinio, amor, nada nos salva. Pero hoy --al menos por unas horas-- no pienses en el policía al otro lado de la línea telefónica, ni en la cámara de ojo redondeado que nos capta. Esta noche vamos a creernos que sólo nosotros nos

curioseamos uno al otro. Apaguemos la luz y por un rato mandémoslos al diablo, desarmémosles sus manidas estrategias de fisgoneo.

Con tantos recursos gastados en observarnos y les hemos escamoteado la faceta primordial de nuestra vida. No saben –por ejemplo- ni un solo vocablo de ese idioma conformado durante veinte años juntos y que usamos sin siquiera despegar los labios. Sacarían cero en cualquier examen para descifrar el complejo código con que nos decimos lo nimio y lo urgente, lo cotidiano y lo extraordinario. De seguro en ninguno de los perfiles psicológicos que han hecho sobre nosotros se narra cómo peinas mis cejas y adviertes en broma que si siguen revueltas terminaré por parecerme a Brézhnev. Nuestros vigilantes, pobre de ellos, nunca han leído la primera canción que me hiciste, mucho menos aquel poema donde decías que algún día iríamos a Sidney o a Bagdad. No nos perdonan, además, que a cada tanto nos escapemos de ellos --sin dejar rastro-- sobre la diástole de un espasmo.

*Como el agente Wiesler, en el filme **La vida de los otros**, ahora mismo alguien nos escucha y no nos comprende. No entiende por qué después de discutir por una hora nos acercamos y nos damos un beso. El atónito policía que sigue nuestros pasos no logra clasificar nuestros abrazos y se pregunta cuán peligrosas para "la seguridad nacional" serán esas frases que me dices sólo al oído. Por eso te propongo, amor, que esta noche lo escandalicemos o lo convirtamos. Hagámosle despegar el oído de la pared o en su lugar obliguémosle a garabatear sobre una hoja: "1.30 am, los objetivos hacen como que se quieren".*

215

Poéticas y políticas tienen en las circunstancias que a Yoani y a mí nos rodean y en los dos textos que acabo de reproducir, un ángulo muy pertinente. Casi digno de un deslinde aristotélico, de los que gustaba establecer Alfonso Reyes para indicar la complejidad y la interrelación dialéctica entre fenómenos de la cultura, de las obras artísticas y literarias y sus múltiples tipos de recepciones individuales.

Si algo parece esencial al intelectual de nuestra época, después de la ética, es la permanente alerta contra las sutiles formas de la simplificación. Poner bordes y fronteras, favorecer las visiones en blanco y negro, es demasiado fácil. Lo difícil por complejo es evitar inercias y haraganerías engendradoras de compartimentaciones y etiquetas.

Suele darse una opinión o impresión como si fuera una evidencia, un hallazgo documental de época. Ocurre cuando se trata de definir la poética y la política de un autor complejo como César Vallejo o Pablo Neruda, cuando se trata de caracterizar un movimiento literario como el coloquialismo, saltando por encima de peculiaridades según el poeta, la zona geográfica y la propia evolución de un autor; como puede observarse en voces tan disímiles --pero coloquialistas-- como el argentino Juan Gelman, el salvadoreño Roque Dalton, el cubano Heberto Padilla, el mexicano Efraín Huerta o el español Félix Grande...

¿Cuál etiqueta le pondrán a la siguiente afirmación: Ambos términos indican lo mismo; poética y política se enfocan a diferentes zonas del espíritu, como supo ver Paul Valéry, entre otros pensadores del pasado siglo? La *Política del espíritu* no separa la toma de posición hacia los problemas de la *polis*, de los paradigmas y sintagmas que el artista modela y modula sobre lo que escribe o pinta o compone... Una, la política, es más abarcadora. La poética sólo se distingue por comprender reflexiones más específicas. Eso es todo. Así lo era para la cultura greco-latina de la cual procedemos en Occidente, que hoy se universaliza –no siempre para bien— gracias a los prodigiosos avances en las comunicaciones.

Ese es mi punto de vista, muy *engagé*, muy "comprometido", aunque poco que ver con los sartreanos y con la estética marxista; porque Marx, como José Martí, sí es culpable de la mayoría de los marxistas, al igual que los martianos son descendientes –ya sé que a veces putativos— del gran poeta y patriota. De ahí que escogiera mi traducción y el texto de Yoani para ilustrar lo que aquí trato de matizar, abrir al diálogo crítico. Bajo la égida de una figura retórica muy usual en el Caribe mulato: la paradoja. Que implica – aunque bajo el choteo-- el rechazo a los dueños de la "verdad", a fanatismos caudillistas y fundamentalismos religiosos o vinculados a las ideologías cerradas de la "modernidad".

Apenas enunciaré la más flagrante de las paradojas, vinculada a la tan manipulada noción de "compromiso", aunque no se trata aquí de armar una explicación exhaustiva de cada obra y sus contextualizaciones. Sea con cualquiera de los apellidos al uso, aun después de lo que llamamos "posmodernidad", es decir: "compromiso social", "político", "nacional"…, y un etcétera que incluye el de raza, género, lengua, sexualidad, generación biológica…

En torno al fin del llamado "socialismo real" en Europa, cuando la Unión Soviética se caía a pedazos y Gorbachov propugnaba la *perestroika* y la *glasnot*, de pronto, como si un mago quemara los manuales de estética marxista-leninista, la política cultural del gobierno cubano se abrió a los antes repudiados "intimismos" o "individualismos", que nos habían obligado a estudiar como típicos de la ideología pequeñoburguesa, lacras del individualismo capitalista, de las torres de marfil.

Las poéticas autorales apolíticas –por lo menos desde el oficialismo que yo padecí, dueño de todos los medios de comunicación y de todos los empleos-- se transformaron en un ejemplo inmarcesible de la libertad de creación artística propugnada por el Partido Comunista. Hubo hasta una nada secreta ayuda a tales evasiones de la política. Algunos escritores incautos o taimados se prestaron a tales manipulaciones, hijas de la crisis de una ideología y de su sistema político.

El ejemplo cubano, sin embargo, puede extenderse a la América Latina actual y a otros ámbitos, bajo la ortopédica división, aún vigente, entre "izquierdas" y "derechas". Porque la poética del "compromiso" – ahí están los ensayos que recrean a Mariátegui, por ejemplo— se vincula todavía en 2012 a las llamadas "ideas progresistas", con refritas referencias a la antigua Escuela de Frankfurt o al iluso Antonio Gramsci y su "intelectual orgánico"; a cierto deconstructivismo a lo Derrida o a las ideas contradictorias y tambaleantes de Gabriel Said, entre otros.

La paradoja era venenosa. Ahora es extravagante, por no decir que obsoleta. Lo que sucede –como en la época de Pericles para los ciudadanos atenienses– es que en política cada vez con mayor fuerza se prioriza lo ético y la eficiencia, muy por encima de posiciones conservadoras, liberales o socialdemócratas.

En suma, poética, política y ética cada día más se convierten y se reflexionan en tanto "fenómenos". Como una actitud individual, que desde luego permite ser compartida, formar una dinámica para un grupo pequeño, mediano o amplio. Las tres se interpenetran o intertextualizan. Mutan. Pierden o adquieren sesgos, distinciones. Pero en última instancia sólo se separan para que la lupa pueda ver mejor un barrio, una calle, una casa, como hacemos en Google con los mapas.

Y claro que el deslinde precedente sólo es un postulado de Teoría Literaria, nada más, según nos enseñara hace unas cuantas décadas René Wellek en su monumental *Historia de la crítica moderna*. Las manipulaciones por omisión, segmentación o tergiversación de las evidencias, suelen abundar en los estudios literarios, sobre todo en los programas universitarios. Aupadas por los relativismos que exaltan el papel de las modas, los multiculturalismos o la subjetividad del receptor.

Permítanme ahora derivar algunas consideraciones a propósito de mi traducción de "El extranjero" de Baudelaire, leído, si se quiere, como mi "poética" de ese día: auto preceptiva estilística, bajo la etimología de estilo, es decir, cuchillo, navaja, estilete verbal donde las figuras tropológicas y de pensamiento danzan a una música siempre circunstancial, de "mundos" interiores –sin excluir los biológicos-- en singular pugna con los "mundos" exteriores, como supo Sócrates sin necesidad de sentirse *engage*, quizás presagiando que el gobierno ateniense lo condenaría a ingerir la cicuta en el 399 a. C., cuando tenía setenta años, por "corromper a la juventud" y "no reconocer a los dioses atenienses"; aunque parece que la principal causa fue atribuirle las ideas de dos de sus discípulos, que devinieron tiranos…

Las poéticas autorales en la historia de las literaturas latinoamericanas tienen entre sus características más acrónicas, a veces desfasadas respecto de Europa y de la América anglosajona, el extrañamiento crítico frente a sus contextos. Ello se observa en cualquiera de sus zonas geográficas o con las peculiaridades que distinguen las presencias de núcleos indígenas fuertes de aquellas donde la esclavitud africana moduló otros sincretismos culturales. Los autores fuertes, aunque obviamente con características comunes por generación biológica o por movimientos artísticos, han modulado sus creencias e ideas estéticas casi siempre a contrapelo de la política imperante en sus regiones o países o ciudades. Bien lo estudió Ángel Rama. Bien comenzó a estudiarlo Alejandro Losada, entre otros hoy clásicos de tales indagaciones contextuales, a partir de los desarrollos urbanos, de la vida cotidiana en las capitales –de Buenos Aires a Río de Janeiro, de Caracas a Lima, de La Habana a Ciudad de México...-- y en menor medida en ciudades de provincias durante el siglo XIX y el XX.

El autor literario deviene intelectual, parte de las esferas dirigentes, aunque casi nunca ejerza un papel decisivo. Se hace más peligroso para las estructuras de poder cuando la prensa y después los medios como la radio y la televisión, hasta los blogs y sitios de Internet actuales, posibilitan que influya en los estados de opinión. Los poderes establecidos, antes, durante y sobre todo después de las independencias respectivas –algunas tardías como la de Cuba, oficialmente a principios del pasado siglo--, prefieren que el escritor sea o se convierta en "extranjero": ave rara confinada a la buhardilla de su casa o a un cuarto en París o New York.

Pero el análisis sería de arqueología literaria si nos limitamos a observar las sucesivas generaciones a partir de los movimientos románticos. Mejor es enfocar el lente a los escritores latinoamericanos vivos en 2012, cuando la noción de nacionalidad cede paso a la inexorable mundialización, dictada por la economía interdependiente y los prodigiosos avances científico-técnicos.

Para sentirse extranjero hay que haber dejado atrás un país, una "tierra natal", por diversas causas, donde el exilio –expulsión inducida o aconsejada—aún representa la zona trágica, siniestra. ¿Cómo entender este fenómeno hoy mismo, en relación con las poéticas autorales, los tejidos políticos y las crisis éticas? He ahí el asunto, la pertinencia exacta, sin tintes populistas, casi siempre manipulados por esferas gobernantes –como día a día, en Argentina o Ecuador, en Nicaragua o Venezuela, sucede con el patrioterismo– para ocultar problemas locales más duros y complejos: perpetuarse en el poder, corrupción en las élites, violencia e inseguridad de los ciudadanos, sobrevivencia de sectores marginales de población...

Una experiencia personal –que revelo por primera vez-- me servirá ahora para modular una sugerencia: La actual crítica literaria debe revalorizar lo que conocemos por la Escuela de Ginebra a través de sus figuras clave. Porque insisto en que el divorcio entre autor y obra ha empequeñecido las exégesis, atascado las hermenéuticas, desolado los círculos de lectores. Y esa es la hipótesis de este ensayo: favorecer una nueva jerarquización de la vida de los autores y sus circunstancias *desde* las lecturas de los textos. Tal vez que se permitan biografías como tesis de doctorado.

Roland Barthes y Jacques Derrida estaban equivocados: el autor no ha muerto. El *susurro del lenguaje* se oye mejor cuando conocemos quién y dónde se ha emitido. La *gramatología* de una novela o de un poema se percibe y disfruta más si Celeste entra a servirle un café con leche a Marcel Proust; si Mario Vargas Llosa nos cuenta su adolescencia en Piura... Estética, teoría, crítica e historia literarias son potenciadas cuando jerarquizamos el autor *en* las obras, sobre la vieja escuela de *l'homme et l'oeuvre*. De ahí la sugerencia: leer *Jean Jacques Rousseau. La transparencia y el obstáculo* de Jean Starobinski (Hay traducción al inglés, realizada por Arthur Goldhammer, Chicago University Press, 1988); leer *El alma romántica y el sueño* de Albert Beguin; leer a Marcel Raymond y Georges Poulet... En ellos poética y política nunca son escindidas, la *polis* modula el *ethos*. Historia y Literatura se interpenetran, como vio Robert Darton en el ensayo homónimo, recogido en *The Kiss of Lamourette. Reflections in Cultural History* (1990).

Mariel, mi primera novela, no sólo representó para mí un reto estilístico sino un reto a la ideología oficial, de ahí que después de haber yo revisado las galeras en Ediciones Unión --la editorial de la Unión de Escritores y Artistas de Cuba, de la que era miembro— el Partido Comunista la censurara, impidiera su publicación, hace veintidós años, en 1990. Siete años después la publiqué en México, por la Editorial Aldus en su Colección La Torre Inclinada, con nota de contracubierta de Álvaro Mutis.

Mis transgresiones unieron poética y política, conformaron mi ética como escritor, como ser humano. Asumí mi condición de disidente, las consecuencias que me trajo. En el orden verbal y de estructuración el objetivo era transgredir la norma del monólogo para convertirlo en diálogo implícito, con una mayor participación del lector en el capítulo inicial: *Dos Hermanos*; para después retomar la tradición de la novela realista en el capítulo segundo: *Ceremonia del té*, según un cuento mío que a Severo Sarduy le gustó mucho y casi consiguió que me dieran el Premio Juan Rulfo de Radio

Francia Internacional. Y después regresar al monólogo tradicional, pero en forma de memoria afectiva, en el capítulo tercero: *Cualquiera*; revivir el género epistolar en el capítulo cuarto: *Carta habanera*; y cerrar la saga novelesca con el diálogo entre los personajes en otra dimensión existencial –capítulo quinto— no por gusto titulado: *Coda*.

Pero *Mariel* no hubiera sido censurada por transgresiones conflictivas de carácter formal, como entonces me dijeron los funcionarios. El argumento era el obstáculo insalvable, desde el título. La poética era un estilete donde se unían las experimentaciones del cómo narrar con lo narrado. Algo común en la historia de la novela hispanoamericana, desde las críticas a la sociedad mexicana de su época en la precursora novela picaresca *El Periquillo Sarniento* (1816) de José Joaquín Fernández de Lizardi, autor que adoptó el seudónimo de *El Pensador Mexicano*, porque así se llamó el periódico que fundara en 1812, clausurado por Fernando VII. ¿Cómo separar poética de política en *Doña Bárbara* o en *Los ríos profundos*, en *Conversación en la Catedral* o en *Los detectives salvajes*?

Los familiarizados con la historia de Cuba, saben que por el puerto de Mariel, al oeste de La Habana, hubo en mayo de 1980 una enorme estampida de cubanos hacia los Estados Unidos, tras los sucesos de la embajada de Perú, donde se refugiaron, tras violar la entrada, miles de desesperados ante la situación económica y política del país. Hoy es un nombre emblemático. Se conoce como "los sucesos de Mariel", y en el exilio como "la generación de Mariel". Yo pude haber escogido otro puerto cercano a la capital. O sencillamente cualquier pueblo periférico a la urbe: Guanabacoa, Bauta, Caimito, Jaruco, San Antonio de los Baños... La elección misma era una provocación bien pensada para unir dialécticamente el exilio exterior al interior, las fugas como núcleo generador de conflictos psicológicos y sociales.

Para colmo, los cuatro personajes centrales que se refugian en Mariel, pero no optan por emigrar, son desdoblamientos de un solo personaje o sinécdoque, con el mismo nombre del autor: José. La parábola que funciona como leitmotiv de la novela es la conmovedora unión entre exilio e insilio, entre los que padecen fuera o dentro, que coinciden en huir no de sí mismos sino del entorno enajenante. El profesor que prefiere ser tarjador en un muelle; el periodista defraudado de su oficio en una revista oficial; el oportunista que es descubierto, el abogado militante del Partido Comunista... Los cuatro arman con sus vidas el pasado, porque ya están en el presente de Mariel, que recuerda el Oran de Camus en *La peste* porque cada uno siente la vida en Cuba como algo ajeno, extraño.

Conservo las pruebas de galera de la que iba a ser la edición cubana de la novela. Quizás con la ilusión de que alguna vez se publique para sus lectores naturales, aunque algunos ejemplares de la edición mexicana han podido circular dentro del caldero isleño, aún con tapa de hierro. Espero, como le ocurrió a Milan Kundera para la edición checa de *La insoportable levedad del* ser.

Pero hay un detalle que justifica este cuento: Cuando cometí el atrevimiento de entregarla a Ediciones Unión y tras la censura sacarla del país y conseguir editor en México –como hiciera Reinaldo Arenas con *El mundo alucinante*--, sabía que el ostracismo iba a ser el primer castigo, pero la cárcel no era una variante a excluir. Como todavía vivía en Cuba decidí excluir el último capítulo, el más crítico, el más "políticamente incorrecto" –según la frase al uso por los inquisidores del Palacio de la Revolución. Mi poética desenfadada tuvo un límite: el autor no debía poner en riesgo a su familia o jugarse una acogedora prisión, como después les ocurriría a los disidentes en marzo de 2003, entre ellos a mi amigo al poeta y periodista Raúl Rivero. Cometí entonces algo usual en regímenes autoritarios: la autocensura.

Una penosa relación de autocensuras ocuparía cientos de páginas en la historia de nuestras literaturas, en la antiguamente llamada "madre patria" o en cualquier nación trasatlántica. "Con la iglesia hemos dado, Sancho" –dice don Quijote. Cuando el escritor no se ensimismaba en su "gramatología" y se olvidaba de la política, de inmediato los poderes se encargaban de halarle las orejas, confinarlo, como le sucedió a Francisco de Quevedo y Villegas o a tantos intelectuales brasileños, uruguayos, argentinos, chilenos, bolivianos, peruanos…, cuando las no tan lejanas dictaduras militares.

¿Al guardar para mejores tiempos el último capítulo de *Mariel*, la autocensura era parte intrínseca de mi poética o era un dictado de la política imperante? ¿El miedo era un sesgo ontológico o un signo sociopolítico determinante? ¿Dónde terminaba mi ética de la autenticidad y comenzaba un imperativo de los tiempos en el espacio cubano?

La máxima de la Escuela de Ginebra, el estudio del autor *desde* la obra, a partir de ella, con útiles contextualizaciones políticas y sociales, por supuesto que puede reducir el texto a documento, a un documento similar a una ley, un recorte de prensa, un discurso de algún líder o un testimonio grabado. También, desde luego, otorgar falsos valores artísticos a la novela, cuento, poema u obra teatral, porque posee una decisiva representatividad histórica. Hay muchos riesgos, como priorizar la biografía por ser más interesante que la obra... Pero olvidar al autor para deconstrucciones semióticas puede quedarse en un tubo de ensayo, no salir de un higiénico laboratorio lingüístico o de un diván lacaniano.

Exagero, claro está, porque tanto de un lado como del otro cualquier énfasis resulta caricaturesco. O más brutal: ilegible. Por lo mismo *Jean Jacques Rousseau. La transparencia y el obstáculo* de Jean Starobinski, además de ser una apasionante lectura, está entre los antídotos que no han perdido valor didáctico a los efectos de la formación universitaria de especialistas en literatura, sea cual fuere, se halle en la "pre" o cn las "post" modernidad.

Los hombres "enigmas", los "extranjeros" como yo, tampoco consideramos que nuestro *spleen* vaya a cambiar en el ciberespacio o a consecuencia de la globalización económica y cultural. Ahora la noción postnacional —valedera para atajar las trivializaciones internáuticas— podría matizar la inquebrantable relación entre poética y política. Por lo menos así pensaba yo cuando arribó el nuevo milenio.

Para nada. "La humanidad ha cambiado muy poco en milenios" –le dijo Marguerite Yourcenar a Mathieu Galley. De ahí que la sensación de sentirse extranjero –extraño, otro, fuera, distante— tampoco ha perdido vigencia. Baste observar en política el regreso a los caudillismos en algunos países de América Latina. Baste observar en poética los regresos al soneto o al folletín novelesco. El péndulo parece tener una cuerda que justifica las reflexiones de los presocráticos, bajo el lugar común de que dos milenios y medio son apenas un pestañazo en la historia de la humanidad, de Atenas a Twitter, de Corinto a Facebook.

Mi segunda novela –*Las penas de la joven Lila*— la publiqué cuando estaba en el exilio en México, pero la había escrito en Cuba. La tercera –*Guanabo gay*— fue escrita y publicada ya fuera de mi país natal, pero el proyecto, las libretas de apuntes, viajaron conmigo. La cuarta que ahora termino en los Estados Unidos tiene la ventaja de no saber dónde está… Pero me doy cuenta de que tal dejación sigue atada a la misma poética y política de siempre, sin locaciones. Porque en realidad me parece que se trata de una ética donde la honradez ante mis dos espejos –mi laberinto-- da la clave, sin "ideas progresistas" o "retrógradas", como un sencillo ciudadano atento a los derechos humanos, a las personas en riesgo por sus creencias e ideas, sea en Siria o en México…

También es que el color local suena hoy más que nunca a moneda falsa, a chatarra mediática, sobre todo cuando lo escribe un emigrante económico, un viajante de estudio o placer. La industria de la nostalgia produce mercancías de dudoso valor, para consumidores ingenuos, televisivos. La melancolía va por otros referentes, no siempre catalizada por el sitio donde uno nace o por la bofetada de un policía, por el recuerdo de un helado de guanábana en un barquillo crujiente, por un beso adolescente bajo un flamboyán.

¿Qué se le reclama hoy a un intelectual más allá de principios éticos, sin *ismos* neorrománticos ni utopías mesiánicas? ¿Qué se le exige hoy a un escritor más allá del amor-odio a la lengua en que escribe y el compromiso limpio con lo que considera verdadero? ¿Qué se le pide a un crítico literario cuando investiga, que no sea establecer *desde* el texto la relación simple o compleja con el autor y su época, con la lengua y las retóricas, para entonces valorar mejor los niveles expresivos, disfrutar más su lectura?

En este simposio convocado por *The graduate students in the Department of Hispanic Studies at Texas A&M University*, repito la frase de Emil Ciorán: "No tengo nacionalidad, el mejor estatus posible para un intelectual". No tengo certezas, más allá de una cuerda ética, en una vieja guitarra, donde poética y política aparecen enlazadas.

Quizás es que sólo *quiero a las nubes. A las nubes que pasan por allá. A las maravillosas nubes.*

Marzo y 2012

*L'étranger

"Qui aimes-tu le mieux, homme énigmatique, dis ? ton père, ta mère, ta soeur ou ton frère ?
- Je n'ai ni père, ni mère, ni soeur, ni frère.

- Tes amis ?

- Vous vous servez là d'une parole dont le sens m'est resté jusqu'à ce jour inconnu.

- Ta patrie ?

- J'ignore sous quelle latitude elle est située.

- La beauté ?

- Je l'aimerais volontiers, déesse et immortelle.

- L'or ?

- Je le hais comme vous haïssez Dieu.

- Eh! qu'aimes-tu donc, extraordinaire étranger ?

- J'aime les nuages... les nuages qui passent... là-bas... là-bas... les merveilleux nuages !"

Charles Baudelaire - <u>Le Spleen de Paris</u>

ÍNDICE